江苏省高等学校教育技术研究会教育信息化研究课题，课题名称：互联网 + 数字旅游经济开发与运营模式的研究——以南京市旅游景点为例
立项结果：重点课题（立项编号：2021JSETKT012）

新形势下高职院校教育管理创新研究

张利海　著

U0803078

中国商业出版社

图书在版编目（CIP）数据

新形势下高职院校教育管理创新研究 / 张利海著 .
-- 北京 : 中国商业出版社 , 2022.11
ISBN 978-7-5208-2398-2

Ⅰ . ①新… Ⅱ . ①张… Ⅲ . ①高等职业教育 - 教育管理 - 研究 - 中国 Ⅳ . ① G719.2

中国版本图书馆 CIP 数据核字（2022）第 244877 号

责任编辑：许启民
策划编辑：武维胜

中国商业出版社出版发行
（www.zgsycb.com　100053　北京广安门内报国寺 1 号）
总编室：010-63180647　编辑室：010-83128926
发行部：010-83120835/8286
新华书店经销
北京亚吉飞数码科技有限公司印刷
*
710 毫米 ×1000 毫米　16 开　12 印张　205 千字
2023 年 4 月第 1 版　2023 年 4 月第 1 次印刷
定价：76.00 元
* * * *
（如有印装质量问题可更换）

前　言

PREFACE

当前,我国发展已经进入新时期,经济社会转型对职业教育发展提出了更高、更新的要求。教育发展也呈现出补齐职业教育薄弱环节、解决好结构性就业矛盾、实现多元化成长成才、顺应全民终身学习时代要求等特点。

随着职业教育教学改革的不断深入,社会对职业教育教学质量提出了更高的要求,加强对职业院校的教育教学管理对提高人才培养质量有着至关重要的作用。“2022年是职业教育提质培优、攻坚克难的关键年,当前我们应该推动职业本科教育稳中有进,力争让更多的职业院校毕业生接收高质量的职业本科教育。”

要想培养高质量的高技能人才,在新形势下,职业院校应该不断加强管理,不断建立和完善符合职业教育接班规律的学校管理体制和运行机制,使职业教育与社会接轨,通过鲜明的办学特色、过硬的人才培养质量,不断赢得社会的认可。只有这样,才能保证职业教育的可持续健康发展。

我国的职业教育起步较晚,缺乏成熟的理论作为指导,因此,如何构建具有中国特色的职业教育理论,引导职业教育的健康发展,是当前职业教育工作者关心的话题。基于此,作者策划并撰写了《新形势下高职院校教育管理创新研究》一书,以期为我国职业教育的改革与发展略尽绵薄之力。

本书共包含九章。第一章开篇点题,对职业教育的性质进行分析,并探讨了新形势下职业教育发展的背景及“五年一贯制”中高职衔接模式的构建。第二章论述了职业院校教育教学管理,包括教学组织、专业设置、课程建设与实践教学四大层面。第三章对职业院校教育质量进行研究。第四章从目标、原则、规划、结构、队伍建设等层面分析了职业院校人力资源管理。第五章对学生的学习、心理、住宿、日常违纪管理进行了分析。第六章研究了职业院校教育科研管理及激励机制构建。第七章研究了职业院校创业就业问题。第八章对职业院校图书馆、校园文化、信息化建设三大层面的管理进行了研究。第九章从职业院校的创新发展分析了校企合作办学。总体来说，本书结构清晰明了，内容丰富翔实，理论明确系统，语言准确通俗，具有全面性、实用性和可操作性等特点。

我国职业院校教育管理的改革与创新需要在借鉴国外经验的基础上，充分吸收它们一些有益的经验，也要从我国职业院校教育发展的实际出发，去粗存精，对那些还不合理、不适应职业院校教育管理实际的环节和部分进行改革和完善，不断实现中国特色社会主义的职业院校教育管理改革，从而培养担当民族复兴大任的社会主义建设者和可靠接班人。

本书在撰写的过程中，参阅了大量资料或文献，同时为了保证论述的全面性与合理性，本书也引用了许多专家、学者的观点，在此，谨向以上相关作者表示最诚挚的谢意，并将相关参考文献列于书后，如有遗漏，敬请谅解。由于作者写作水平有限，书中难免存在疏漏之处，恳请广大读者不吝指正。

作　者

2022 年 4 月

目　录

CONTENTS

第一章

绪　论

随着经济社会的不断进步与发展，我国职业教育规模迅速扩大，其在培养数以万计的专门人才、贯彻科教兴国与人才强国战略上发挥了重要作用。职校学生也越来越受到各行各业的欢迎，职业教育也逐渐被社会认同和支持。本章作为开篇，首先分析职业教育的性质，并结合当前形势，探究职业教育发展的背景，以及构建“五年一贯制”中高职衔接的模式。

第一节 职业教育的性质

一、职业教育的起源

职业教育起源的问题主要包括两方面的内容，其一是职业教育这种社会现象是怎样出现、如何出现的；其二是职业教育制度是在怎样的社会条件下产生的。

现在我们就职业教育的产生问题做一历史的考察。我们知道，在人类社会的漫长历史进程中，不断地获取自己生活所必需的物质资料乃是人类维持自身生存与发展的最基本的条件。与此同时，人类获取自身生活资料的本身既是一种改造自然的活动，又是一种人类发展自身能力与个性的自我实现活动。正因如此，恩格斯才在《劳动在从猿到人转变中的作用》和《家庭、私有制和国家的起源》等经典著作中提出了“劳动创造了人”的著名论断。他指出，劳动过程是从制造工具开始的，即使是最简单的工具制造和使用的能力，就已经包含着长辈对下一代的某种形式和内容的指导与教育。从这个意义上讲，劳动不仅创造了人，而且同时伴随教育活动的出现。马克思在《资本论》中也对此做出过精彩的论述，他指出，劳动首先是人和自然的过程，是人以自身的活动引起、调整和控制人和自然之间的物质变换过程，人自身作为一种自然力与自然物相对立。为了在对自身生活有用的形式上占有自然物质，人就使身上的自然力——臂和腿、头和手运动起来。当人通过这种运动作用于身外的自然并改变自然时，也就改变了自身的自然属性，使自身的潜力发挥出来，并且使这种力的活动受自己控制。因此，我们可以说，职业教育作为一种社会现象，随着人类社会的出现，随着人类劳动即人类为了维持自身的发展需要而产生的。如果说，自有人类社会之时起就存在教育活动，那么，这种教育活动首先是职业性的教育活动。

人类自身的再生产是一种不以人的意志为转移的客观过程。人类自身的再生产一方面要以物质生活资料的生产为基础，另一方面必须是以年长一代向年轻一代的传授即教育为条件的。这是因为年轻的一代如果不经过这样一个人类社会有意识、有目的的教育过程，即年长者对年轻一代的传授、影响和教育的活动，那么年轻一代就无法形成社会生活所需的道德规范和行为准则以及价值观念等，就难以适应人类社会特有的生活。这是因为任何人都要生活在社会之中而不能也无法游离于社会之外，所以人又首先是社会人，具有明显的社会性。社会性是人的最本质的特性。从这个意义上说，如果没有这种传授，不仅人们世代积累起来的经验、知识、技术以及生活规范等社会文明就会因此而终止，而且人的社会性也就无法形成，人类社会也就不能延续下来。

人类的生产劳动和教育活动在原始社会中是密不可分的，是完全融合在一起的。我们之所以这样说，其一，是因为这两者都是作为人类社会存在与发展必不可少的条件。生产劳动是要解决人类生活的物质资料的问题，而教育活动则是要解决人类的自身的再生产的问题，这两种活动对于人类社会的生存与发展来说是最基本的活动，是缺一不可的。其二，是因为当时的社会生产力水平极其低下，尚不具备将教育活动从生产劳动中分离出来成为一种特殊活动的物质条件和基础。因此，原始社会生产活动和教育活动共存于人类社会的大系统之中，这是人类社会的动态形式。人之所以成为人，就因为人与自然界和社会都有一定的联系，生产劳动反映了人与自然界的关系，教育活动则是形成自我与社会关系的基础。人通过自己的活动改造了自然界与社会，同时又使这种改造的结果回到自身，从而成为社会历史的主人。然而，人类从事生产劳动或教育活动的根本动因是什么，对这种现象应该如何解释呢？从哲学观点来看，人类从事生产劳动和教育活动的内在根本动因是“需要”。马克思主义认为，“需要”是人类的一种本性，是人类一切活动的出发点和归宿。人类为了生存，就必须首先解决两个问题：一是为了自身生存的物质生活资料的问题；二是为了繁衍的人类自身再生产的问题。

如上所述，由于原始社会的生产力水平极其低下，既不可能出现剩余的产品，也不可能出现社会分工，因此，教育活动是和人类的整个社会活动（包括生产劳动）融合在一起的。由于当时所要解决的首要问题是物质生活资料的生产问题，因此，这种融合在社会活动中的教育活动，主要是向年轻一代以言传身教的形式传授简单的生产劳动经验、技术、技能以及社会行为规范等。这就是早期的作为人类社会所特有的职业教育现象的起源。

总之,职业教育作为人类社会所特有的活动,是起源于人类社会谋取物质生活资料和自身再生产的需要。辩证唯物主义认为,人的需要不仅是一个丰富的、客观的和能动的范畴,而且其需要及其满足方式与动物的需要与满足方式不同,构成了人与动物的本质区别,使人具有了社会的、实践的丰富特性。由此可见,职业教育是和社会生活紧密联系在一起的,是以传授生产劳动经验和技术为主要内容的教育,也是一种使人由自然人转变成社会人的教育。

职业教育制度的出现则要晚得多。教育作为人类社会生存、延续和发展的手段,作为物质生活资料的再生产和人类自身再生产的手段,存在于人类历史的任何时期。因此,从这个意义上讲,教育又是一个永恒的范畴,只要人类社会存在,它就将永远存在于社会生活之中。但是,我们又必须看到,教育还是一个历史的范畴,在人类历史发展的不同阶段上,教育的目的、内容、形式以及方法等又是不断变化着的,从而使一个历史时期的教育区别于另一个历史时期的教育。产生这种区别的根本原因,主要还是由生产力的发展水平所决定的。

原始社会晚期到奴隶社会初期,由于社会生产力的发展,开始出现了劳动剩余产品,进而又开始出现了私有制和阶级,出现了社会分工,教育也逐渐开始从生产劳动中分离出来。但是,从生产劳动中第一次分离出来的教育并不是职业教育,这是因为随着社会分工的发展第一次从直接生产劳动中分离出来的教育是统治阶级的教育,是以培养阶级统治人才为目的的古典普通教育。这种教育在为统治阶级培养阶级统治的人才的同时,还起着传播统治阶级思想意识的作用,教育的内容主要是统治阶级的思想文化,教育的主要特征是同生产劳动相分离。这是因为社会生产力的发展水平不仅产生不了对职业教育的需求,而且也没有达到使职业教育独立出来的程度。由于统治阶级将生产劳动视为是低贱的,宣扬“劳心者治人,劳力者治于人”的思想道德,所以劳动者的子女学习、掌握从事某种职业活动所必需的知识、技能、态度等的基本途径仍然是通过直接参加职业活动来获得,职业教育还是处于一种自然形态的教育。诸如农夫在农业生产劳动中通过言传身教向其子女传授农业生产经验、技术等就属于这类自然形态的职业教育。所以说,在奴隶社会和封建社会里,职业教育基本上还是和社会的生产劳动融合在一起的。而我们这里所讲的职业教育制度乃是一种与自然形态职业教育所不同的,是一种有目的、有组织、有计划地向学生传授其将来所要从事的某种特定职业所必需的知识、技能、态度以及职业意识和职业道德的学校教育。这种教育的出现还是在产业革命以后的事情。辩证唯物主义认为,社会生产劳动工具不仅是衡量人们征服自然的能力、生产力发展水平的尺度,而且也是社会生产关系的指示器。人类在其社会生产实践中,不断地将生产工具加以改进,促使生产水平和劳动效率的不断提高。人类社会是从封建社会晚期开始逐渐地使用机器的,机器生产代替手工生产是人类历史上的一次伟大变革,它标志着人类社会生产力发展水平从此进入了一个新的历史时期。从 18 世纪末到 19 世纪初以蒸汽机为标志的欧洲产业革命,极大地推进了社会生产力的发展,推动了人类社会文明的进步

大机器工业生产是以科学技术为基础的生产。科学技术在生产中的广泛应用,使得教育从生产劳动中第二次分离出来。如果说教育与生产劳动的第一次分离产生了古代普通学校教育,那么,第二次分离产生的则是现代学校教育。这里应该指出的是,在从原始社会到封建社会的漫长的历史进程中,尽管学校教育有了相当规模的发展,但是职业教育却基本上停留在徒弟教育的水平上,是自然形态的职业教育。在封建社会晚期由手工业者或商人兴办的行会教育,虽有的规模较大,但也无法和传统的古典的普通教育相比,基本上还是停留在徒弟教育的水平。因此,在从奴隶社会到封建社会的整个古代社会并没有产生职业教育制度。即使到了近代资本主义社会,同普通教育相比,职业教育仍被视为低贱的只是面向劳动阶级子女的教育,普遍存在一种实用价值越高其教养价值也就越低的偏见。所以,学校职业教育虽然出现了,但是,在承认脑力劳动和体力劳动相分离教育观的支配下同普通教育对立起来,并由此形成了双轨制的教育制度。职业教育主要是一种面向劳动阶级子女的,它的教育目的是培养一般的普通劳动者和初级技术、管理人才。

总之,纵观职业教育形态的历史演变过程,可以描述成这样一条轨迹:它最初是在生产劳动中承传劳动经验与技术的自然形态的职业教育,后经过培养职业人的徒弟教育,发展到今天的学校职业教育。职业教育的形态是为生产力水平所决定的。在社会发展的不同阶段上,由于生产力的发展水平和生产关系的不同,职业教育的形态也各异。人类社会从原始公社制过渡到私有制是生产力发展和社会分工的结果,而奴隶制社会为封建社会所取代则是由于奴隶制生产关系对奴隶的残酷掠夺

造成了生产力发展的停滞。奴隶的劳动在是奴隶社会发展动力的同时又阻碍了奴隶社会生产力的发展,这是因为在非人的条件下奴隶们同自身利益毫无关系的劳动绝不可能刺激起劳动热情和改造工具的欲望,相反,他们却以破坏劳动工具来发泄自己的情绪。在封建制生产关系中,由于农民得到了一定程度的解放,人格和自由也得到一定程度的承认,因而劳动热情也得到一定程度的发挥。在封建社会后期,作为培养职业继承人的徒弟教育也随着手工业和商业的发展开始从父子间的徒弟教育过渡到了师徒关系的徒弟教育。这种徒弟教育的内容除职业技术、技能教育外,还包括读、写、算等普通基础知识的教育和职业态度(职业道德)的教育。这种职业态度教育在培养等级制度下的职业人的气质的同时,还使封建意识得以彻底化。当社会发展进入资本主义社会阶段之后,由于大机器在社会生产中的日益广泛应用,社会生产力的迅速发展,职业教育的形态较之封建社会,又发生了一种质的变化,即学校教育形态的职业教育出现了。教育是为了某种特定职业培养普通的劳动者,教育内容既有初步的普通教育知识,也有同某种职业密切相关的技术与技能教育。当然,资本主义社会同样重视职业教育中的职业意识和思想教育,并将其作为维护阶级统治的工具。

从职业教育形态的演变过程中不难看出,职业教育的形态是同社会生产力发展的性质相关的。社会生产力是通过劳动者将劳动对象和劳动手段结合起来进行物质资料生产的能力。职业教育不仅是劳动力再生产的重要手段,而且还通过对劳动对象、劳动手段的改造而推动着生产力的发展。所以,职业教育的目的在使受教育者加深对劳动对象和劳动手段的理解,掌握相应的技术与技能的同时,还要培养一定的职业意识和形成一定的世界观。这里还要提及的一个问题是,虽然人们在习惯上将传授某种职业所需要的知识、技能、态度的教育视为职业教育,但实际上它却不一定就是职业教育。这是因为学习某种职业所需的知识、技能、态度的人,不一定就是为了从事该职业的缘故。换句话说,衡量职业教育的标准,不仅要看教育的内容,还必须考虑到培养的目标。从这个意义上讲,职业教育是以传授某一种职业所需的知识、技术、态度等为主要内容的,以培养职业人为目的的教育。因此,虽然是传授有关农业、工业、商业等知识、技术、态度等的教育,倘若不是以就职为目的,就不是本来意义上的职业教育。相反,即使讲授农业、工业、商业以外的普通学科的教育,如果它是从事某种职业所必需的,其目的又是为从事某种职业的，则也应称为职业教育。这是因为在职业教育中有一个直接培养职业人的问题。这里使用“直接”一词的目的，是要将从一开始就有明确目标有计划地实施教育的职业，和先接受普通教育就职后通过直接从事的工作逐渐掌握职业知识、技术、态度而成为职业人的职业加以区别。职业教育主要是指关于前者的教育，这种教育过去曾被称为实业教育，有的国家还称为产业教育，但是从直接培养职业人的角度来看，它们和职业教育的含义基本上是相同的。美国人在讲到与农业、工业等有关的职业教育的时候，一般都在前面冠以“职业”（Vocational）一词，分别称作职业农业教育（Vocational agricultural education）、职业工业教育（Vocational industrial education）等，其用意也正在这里。.

总之，狭义的职业教育的含义主要包括三个方面的内容：①职业教育是教育事业内部的结构与分工，是整个现代教育制度的一个重要的有机构成部分。②职业教育的目的是直接培养从事特定职业所需的中级或初级技术、管理人才。③职业教育的内容主要是为从事特定职业所必备的相关知识、技术与技能、职业道德与态度，同时，还包括必要的普通基础知识教育等。

二、职业教育的含义

职业是由社会分工而产生的，也就是说，在社会没有分工之前，也就无所谓职业的存在，但自从社会出现了分工之后，职业就同时出现了。所谓职业，乃是人们根据自己的能力和个性特征所从事的、借以获取自己以及其所抚养成员的生活资料的同时又为社会服务的工作。

职业是一个历史范畴，职业教育含义、称谓与其形态一样也都有一个演变与发展的过程。仅就我国来看，清末 1903 年颁布的《奏定实业学堂通则》和北洋政府在 1912 年公布的《实业学校令》中所用的称谓是“实业教育”。《奏定实业学堂通则》指出：“实业学堂所以振兴农、工、商各项实业，为富国裕民之本计；其学专求实际，不尚空谈，行之最为无弊”。规定“实业学堂之种类，为实业教员讲习所、农业学堂、工业学堂、商业学堂、商船学堂；其水产学堂属农业，艺徒学堂属工业”。《实业学校令》还规定实业学校以教授工、农、商业必需的知识技能为目的。辛亥革命以后，民族工业有了一定的发展，许多有识之士主张振兴实业，发展民族工业，扩充国计民生，挽回权利。在这种形势下，教育界和实业界的蔡元培、梁启超等48人于1917年组织成立了中华职教社。在我国第一次使用“职业教育”的称谓。他们提出了实现“无业者有业，有业者乐业”的终极奋斗目标，规定了“谋个性之发展，为个人谋生之准备；为个人服务社会之准备；为国家及世界增加生产能力之准备”的办社宗旨。1922年，国民政府颁布的壬戌学制在我国职业教育发展历史上具有划时代的意义，它不仅奠定了我国职业教育的基础，而且也是官方第一次正式以职业教育取代了清末以来的实业教育的称谓。1949年，在中华人民共和国成立前夕的中国人民政治协商会议上所制定的《共同纲领》中，提出了要“有计划有步骤地实行普通教育，加强中等教育和高等教育，注重技术教育……以适应革命工作和国家建设工作的广泛需要”，这里所讲的是技术教育，而不是职业教育。1951年10月，在政务院作出的关于改革学制的决定中，正式将职业学校改称为中等专业学校，包括技术、师范、医药及其他。1952年3月，政务院作出的《关于整顿和发展中等技术教育的指示》以及同年7月教育部颁布的《中等技术学校暂行实施办法》，规定了中等技术教育的目标是培养具有必要文化科学的基本知识，掌握一定的现代技术，身体健康，全心全意为人民服务的初级和中级技术人才。于是，在我国出现了中等专业教育，中等技术教育的称谓。1985年5月，中共中央颁布了《中共中央关于教育体制改革的决定》，提出了“调整中等教育结构，大力发展职业教育”的目标和任务，在这里所使用的又是职业教育的称谓。

从我国的职业教育称谓的演变历史看，职业教育的称谓是同其目的、任务和内容的变化联系在一起的。从职业教育制度产生之日起到今天，各国较为广泛使用的称谓主要有：实业教育、产业教育、中等专业教育、中等技术教育、生产教育、职业技术教育、职业教育等。现在我们就来分析一下其中有代表性的几个概念的基本含义及其与职业教育之间的关系。

就实业教育、产业教育同职业教育之间的关系来看，应该说是一种既相互联系，又相互区别的关系，用职业教育这个称谓取代实业教育和产业教育，是一种发展与进步。这是因为：第一，实业教育和产业教育的教育对象同职业教育相比有广义和狭义之分，是整体与部分的关系。如上所述，实业是指工业和商业，产业主要是指工业。实业教育或产业教育是适应近代工业和商品经济发展的需要而产生的，是对青少年实施关于从事工、商业所必备的知识和技能的教育，主要培养工、商业发展所需的初、中级人才。但是，在现代社会中，除实业（或者产业）之外还存在着许多种类的职业，因此，职业教育的对象要比实业教育（或者产业教育）宽泛得多。第二，实业教育（或者产业教育）和职业教育所强调的侧重点不同。工商等实业意味着物质资料的生产加工、运输、销售等各种活动和组织及制度，通常是不将从事其活动的人考虑在内的。相比之下，正如职业中的“职”所表现的那样，主要意味着从事职业活动的人。因此，实业（或产业）主要强调其客观侧面，职业则强调其主观即人的侧面。由于教育是以人为对象的一种物质活动过程，所以，从教育学的观点看，职业教育的称谓要比实业（或产业）更为科学更为合理。第三，在教学内容上，职业教育也要比实业教育（或者产业教育）丰富得多，全面得多。职业教育除了传授特定职业所需的知识、技能（在这点上和实业教育或产业教育相似）之外，更注重基础知识和基本技能的培训，更注重职业意识、职业道德、体能方面的培养，它是包括德智体等诸方面的教育。

三、职业教育的本质

《教育学大辞典》（修订合编本）认为，职业教育是“传授某种职业或生产劳动知识和技能的教育”。《辞海》（1999 年版）认为，职业教育是“给予学生或在职人员从事某种生产、工作所需的知识、技能和态度的教育”。周济院士认为，职业教育就是就业教育。欧阳河教授把职业教育定义为：是为想成为技术应用型、技能型人才的人提供的一种教育服务。综合各种对职业教育定义的阐述并结合对职业教育现实的考察，笔者认为，技术应用型、技能型职业人才培养是职业教育最核心、最稳定、最突出的性质，是职业教育区别于其他事物的根本依据，因而是职业教育的本质所在。

这一对职业教育本质的概括有两层含义：第一是指职业教育的核心是培养技术应用型、技能型人才，这是对职业教育教学过程的基本定位。第二是指培养的是职业人才。这里又包含两个要点：一是指培养的是社会各个行业特定的职业人才，二是指这类教育的一个重要目的是满足受教育者的就业需要，这两点是对职业教育在社会和个体发展中的基本定位，因而是比较科学的。

第二节　新形势下职业教育发展的背景

一、经济社会高质量发展对职业教育提出了更高要求

我国的经济已经从高速发展阶段向高质量发展阶段转变,我国迫切需要培养经济增长的新功能,实现以劳动生产率提升作为特征的效率驱动型增长。要想提升劳动生产率,关键的一点就需要提升劳动者的素质和技能。随着我国经济的快速发展,对人口红利和资源的过度依赖使得廉价的劳动力长期从事完全没有竞争性的生产活动,因此劳动者的薪酬逐渐降低,经济发展也出现了不可持续的现象。

职业教育与经济发展关系密切。随着我国产业结构的不断调整,各行各业都急需高技能、高质量的人才。因此,从物质要素的积累转向人力资本高质量的提升,是对职业教育更高的要求。当前,需要提升职业教育的质量,使劳动者能有效适应以知识生产配置为核心的产业转型升级,在技术技能积累中获得效率补偿。

二、职业教育发展不平衡不充分的问题亟待解决

在中国特色社会主义新时代,社会主要矛盾逐渐转变成为人们日益增长的美好生活需要和不平衡不充分的发展之间的矛盾。虽然,我们当前已经构建了世界上规模最大的职业教育体系,但是,职业教育领域发展并不平衡,问题也十分突出,这与现代化经济体系、教育强国的要求显然不符。同时,我国职业教育还存在着定位不够优化、体系建设不够完善、办学与人才培养质量水平不符、制度不够健全、社会参与度不足,这些都亟待完善和发展。同时,在职业教育办学实践中,产教融合、校企合作、工学结合等机制并未构建或者不够完善,未能彰显德技并修、育训结合的育人模式,这就导致职业教育的身份和地位存在明显的危机。如果这些问题得不到解决,势必导致劳动力市场的质量更为低下。因

此，必须解决职业教育发展不平衡、不充分的问题，只有这样，才能培养出高质量的职业技能型人才。

第三节　新形势下构建"五年一贯制"中高职衔接模式

一、国内外中高职衔接教育发展现状

（一）国内中高职衔接教育发展现状

1. 我国内地中高职衔接模式

（1）对口升学

由于受我国目前教育资源的限制，就办学模式来说，对口升学模式仍旧占据主流，这为有进一步学习意愿与能力的中职毕业生提供了升学的机会。当前，主要的对口升学模式有"3+2"中职升高职（即3年中职，2年高职）和"3+4"中职升本科（即3年中职，4年本科）两种形式。

（2）五年一贯制

五年一贯制主要是由一所或几所中职学校与专业对口的高职院校联合办学来实施的，学制一般为五年，多数采取3+2的模式，前三年接受的是中职学校教育，学习中职课程；后两年则接受的是高职课程。这种办学形式恰好实现了中高职的无缝衔接，也相应缩短了学习的时间。在教学内容与课程的设置上，中高职教育往往具有一定的系统性与延续性，二者是系统的衔接，而不仅仅是在学制上的衔接。我国现行的五年一贯制就属于系统衔接的一种典型形式。

2. 我国台湾地区中高职衔接模式

我国台湾地区的"五专"在具体教学过程中采用模块化教学的方式，允许学生在前两年的公共课学习结业后进行自主的专业选择；并且在教学过程中实行学分制，学生可以按照在学校规定的范围内自主选择课程，但至少修满220个学分，这样的衔接方式更体现出中职和高职课程中的连贯性和系统性。

(二)国外中高职衔接教育发展现状

国外的中高职衔接模式起步相对我国较早,而且取得了丰硕的成果,一般来说,往往涉及如下几个国家的衔接模式。

1. 德国中高职衔接模式

德国职业教育实行的双元制模式。"双元制"这一职业技术教育模式强调对职业技能进行培训,在与实践联系的同时,注重理论知识的学习。"双元制"这一职业教育模式要求培养的学生自身在具备较强的职业技能的同时,也具有较强的适应性,最大限度地与企业的需要相契合。可见,这一制度是提升职业院校学生与企业一线员工文化素质的有效手段。归结起来,德国的"双元制"具有如下几个要点。第一,教学主体包含企业与职业学校两类。二者并不是隶属关系,政府通过立法或者利益诱导等形式,让企业成为教学的主体地位;学校的设置与性质应该从相关的法律法规出发来进行规定。第二,教学地点主要有两个,大部分是来自企业的生产现场与服务现场。在学校,他是一名学生,但是在企业中,他是学徒或者受培训者。第三,两个教学主体具有明确的分工。职业学校的任务在于从理论层面,实施普通教育,并且课程占据40%;企业培训是基于一定的条件,并且是在先进设备或者先进机器旁进行的,学徒或者受培训者可以在培训之后从事一定的技术操作,这类课程占据60%。第四,从很大程度上而言,企业培训是以生产性劳动为主,这样在一定程度上减少了费用,并且让学生的学习更具有目的性。

2. 英国中高职衔接模式

英国通过国家教育制度对职业教育与普教文凭等值的规定,确保了中高职衔接的顺利进行。英国创立了较为成功的中高职教学单元衔接模式。具体的做法是,把中职课程和高职课程统一制定成了教学单元的方法,避免了任何重复学习,教学效益很高。并按程度分成五个层次,中职的教学单元占两个层次,高职占三个层次。其中,第一层次的单元与初中课程衔接,相邻层次的单元之间可以衔接,还可以依据所学单元总数的最低值和高层次单元所占百分比的最低值颁发毕业证。由于教学单元之间逻辑顺序清晰,衔接紧凑,不断档,不重复,教学衔接适应性好。

3. 美国中高职衔接模式

美国实行“2+2”中高职课程的衔接模式来推动中高职的对接。美国首先从政策和法律角度出发要求联邦和各州政府职教拨款主要用于将两年高中职业课程改为高中后技术教育的准备课程和实施中高职课程衔接，即“2+2”课程。

在美国，社区学院被教育部作为技术教育的主力军借以实现终身教育体系的建立，并鼓励其在课程衔接上加强与高中的合作。为使技术准备课程与社区学院、技术学院的实用技术课程建立起内在联系，高中职业科教师与社区学院教师共同研究开发课程，并不断修改二者衔接方案；社区学院也开设一定数量的技术准备课程供高中学生选学。大纲与课程衔接模式既可减少重复学习、节省学时，有利于强化实践训练，又使中职毕业生搭上了进入高职教育的“直通车”。

虽然各国各地区采取的衔接方式不同，但都注重课程体系的衔接，强调理论与实践的结合，中高职课程教学内容有明确的界限，对我国职业教育发展提供了有益的启示。

二、五年一贯制（以江苏省为例）

五年一贯制是初中起点高职专科教育，招收参加中考的初中毕业生，达到录取成绩后，进入普通高等学校的分校办学点即高等职业技术学校学习，进行一贯制的培养。学业期满颁发国家教育部统一印制的《普通高等学校毕业证书》，此学历为国家承认的普通全日制专科学历，修业年限注明“五年一贯制”字样。毕业生具有继续接受本科以上教育的资格。毕业生就业在国家宏观政策指导下，实行双向选择、自主择业。

江苏省自 1984 年率先进行五年制高等职业教育（以下简称五年制高职）试点以来，经过近 40 年的探索创新和艰苦努力，已形成了一定的规模，显现出一定的优势，积累了一定的经验，较好地满足了人民群众的教育需求，初步走出了一条具有江苏特色的五年制高职发展道路，为完善职业教育体系和发展模式，培养职业技能人才、服务经济社会发展作出了积极贡献。

（一）江苏省五年制高职的办学定位

五年制高职是以大学专科学历层次的高素质技术技能人才为培养目标、招收参加中考的初中毕业生、实施五年一贯制培养模式、融中等职业教育和高等职业教育于一体的职业教育。

（二）江苏省五年制高职的发展原则

发展五年制高职坚持以就业为导向，有利于适应经济社会发展需求和满足学生发展需求；坚持遵循职业教育规律，有利于初中毕业生合理分流和中等职业教育科学发展；坚持人才培养质量标准，有利于提高高等职业教育质量；坚持改革创新，有利于形成五年制高职优势特色。

（三）江苏省五年制高职的办学主体

江苏联合职业技术学院承担江苏省五年制高职办学任务，专门承担对五年制高等职业技术学校的教育教学和学生管理等方面的业务指导和服务工作，负责提出办学规划，指导和组织专业和师资队伍建设，制定专业教学计划，提出专业（分院）招生计划。经批准设立的五年制高等职业技术学校作为江苏联合职业技术学院的分校办学点，具体承担五年制高职教育和管理任务。江苏城市职业学院、南京城市职业学院经批准承担少数专业五年制高职教育教学任务，其他独立设置的职业技术学院除少数特色专业外，原则上不再承担五年制高职教育任务。

（四）江苏省五年制高职的具体实施

第一，完善《江苏省高等职业技术学校（五年制）设置办法》，提高设置标准，提高办学水平。研究制定《江苏省五年制高等职业教育专业办学点设置办法》。在支柱产业、特色优势产业发展迅速、急需大量五年制高职人才而又不具备设立高等职业技术院校的少数县（市），经批准可依托江苏联合职业技术学院在县（市）职教中心设立五年制高职专业办学点。

第二，举办五年制高职以专业为基本载体。五年制高职专业设置与建设坚持“适应多样化高素质高技能人才需求、适合五年一贯制培养模式、具有明显优势特色”相统一的原则。制定和完善《江苏省五年制高等职业教育专业目录》和《江苏省五年制高职教育专业设置办法》，指导各有关院校科学设置五年制高职专业，制定专业建设规划，加强专业建设,建立健全由学校和相关行业、企事业单位专业人员组成的专业建设指导委员会,积极创建高水平、示范性的五年制高职专业。

第三,全面提高五年制高职师资队伍整体素质。以实施“职教名师培养工程”“专业带头人培养工程”“双师型教师培养工程”等为重点,努力建立一支师德高尚、业务精湛、结构合理、富有活力的师资队伍。加大人才引进力度,提高人才引进层次和质量,保持教师总量与事业发展规模和效益相适应,满足教育教学改革和人才培养的需要,生师(专任教师)比控制在 20∶1 之内。

第四,深化五年制高职课程改革。根据职业岗位素质技能要求和五年制高职学生特点,发挥五年一贯的学制优势,系统设计、科学制定人才培养方案,建立健全具有五年制高职特点的课程体系,调整更新课程内容和模块。积极开展课程改革,改革课程教学模式,推行理实一体、行动导向、项目教学、合作学习等课程教学方式,增强课程教学的针对性和实效性。积极推进学分制和弹性学制,实施分层教学、因材施教,培养学生特长和技能,促进学生全面发展。充分利用信息技术教学手段,积极开发优质教学资源和信息化教学资源。改进课程评价方式,完善课程管理制度。建立健全技能大赛、创新大赛等制度,促进五年制高职教学质量的全面提高。

第五,创新五年制高职人才培养模式。大力推动产教结合、校企合作、工学结合、顶岗实习、订单培养;大力推动教师到企业进行专业实践,聘请行业、企业具有较好理论基础、丰富实践经验的专业人员和高技能人才担任专业教师和实习、实训指导教师;积极吸收行业、企业参与人才培养全过程;积极开展技术创新、技术推广和社会服务。

第六,加强招生管理。五年制高职录取批次统一安排在普通高中之后,中等职业学校之前。原则上录取分数线不得低于当地中考总分的70%。五年制师范类招生实行提前录取。五年制高职招生、审核、录取工作按照省有关五年制高职招生管理办法办理。

第七,加强学籍学历管理。招收五年制高职学生的学院统一管理所属分院、专业办学点学生的学籍学历工作。加强一年级新生入学注册工作,招生院校对新生信息认真审核后办理学籍注册,同时将数据上报“全国中等职业学校学生管理信息系统”;加强四年级学生高校学籍注册工作,招生院校认真复查四年级学生信息,录入《新生学籍电子注册数据库》,报省教育厅进行普通高校新生学籍注册;加强毕业生学历证书管理,对修完规定课程考核合格准予毕业的五年制高职学生,发放统一格式的普通高校毕业证书,并将毕业证书内容信息报省教育厅学生处进行学历证书电子注册。加强学籍异动管理,招生学院自行审批内部各分院、专业办学点学生的学籍异动;招生学院之间的学生转学,前三年和第四年级分别由省教育厅职社处和学生处负责办理;五年制高职学生转入中专或领取中专毕业证书,由省教育厅职社处审批(师范专业由省教育厅师资处审批)。

三、五年一贯制课程方案构建的可行性

(一)中高职培养模式具有相似性

在专业建设上,中高等职业教育秉持以职业作为导向、以就业作为指导理念;在培养过程上也十分注重培养学生的专业技能。中高等职业院校制定符合学生的教学计划,安排教学内容,建立凸显“工学结合、学做一体”的模式。

在整个培养过程中,培养具有专业技能、拥有丰富专业理论的技能型人才。并且大量采用实训手段,培养和训练学生的专业技能,提升他们的综合职业能力。

(二)院校合作办学具有互促性

中高等职业教育虽然同属于职业教育,但是二者在教育层次、教育内容上还是存在明显差异的,而校际的联合办学可以实现中高职院校的衔接,使他们能够相互促进和发展。

对于学生而言,中职知识是基础知识,为学生学习高职知识做准备。而高职知识的进步,是为了以后步入社会、展现技能做准备。

对于学生而言,中职学校学生有更多的机会进入高职学习,接受高职教育,那么中职学校也会有更大的吸引力吸引学生进入学校,促进中职教育的发展。同时,这也为高职学校提供了充足的生源。可见,在同一地区,同专业类型的中高职学校建立院校,联合办学,使得学生对中职学校、高职学校有更深层次的了解,搭建职业教育的立交桥,促进本地区职业教育的进步和可持续发展。

第二章 新形势下职业院校教育教学管理

当前,我国教育已跨进大众化的门槛,职业教育为此发挥了极其重要的作用,没有职业教育的跨越式发展,就没有我国教育的大众化。职业教育是我国教育体系的重要组成部分。职业教育不同于普通学校的教育,因此,职业院校的教育教学管理也不同于普通学校的教育教学管理,它具有自己的特点和内容。本章就对新形势下职业院校教育教学管理展开分析。

第一节　职业院校教育教学管理概述

一、职业院校教育教学管理的目的

教育系统存在着两个不同层次的目的：培养人是教育的实质性目的，教育系统的一切工作（包括管理工作）都必须围绕这一目的展开。对教育系统中各种关系和资源的协调构成了教育管理的目的，通过有效的管理，能确保教育实质性目的的实现。因此，不论是宏观的教育管理，还是微观的教育管理，都已包含在这样的概念中：宏观教育管理所依据的是国家总的教育发展方针、教育基本规律和社会发展背景，通过行政的、立法的、经济的、评估的手段进行协调和控制，最终实现教育培养人才、促进科技发展等目标；微观教育管理是在宏观教育管理的背景下，依据某一方面教育教学规律而实施的对某一子系统的矛盾和关系的协调，实现教育系统部分目标的过程。

职业院校管理是指实施职业教育活动的职业院校依据职业教育目的和职业教育发展的一般规律，有意识地调节职业院校内外的各种关系和资源，有效地达到培养各级各类高层次专门人才的目的的过程。

二、职业院校教育教学管理的原则

（一）民主性原则

教学管理人员要充分发扬民主作风，调动全体教师的积极性、主动性和创造性，共同参与教学管理工作，要尊重教师的劳动成果，为教师提供发表意见和建议的机会。同时，还要积极引导学生参与教学管理活动，在教学管理中培养他们的自治自理能力，真正发挥好教学工作中教师的主导作用和学生的主体作用，体现教育以人为本、以教育为本的职业院校管理理念。

（二）科学性原则

必须以科学理论为指导，遵循教育、教学和管理的客观规律，以科学的态度研究处理教学管理中的问题，并善于运用现代科学技术和手段管理学校的教学工作。

（三）教育性原则

教学管理中要对教师提出两点基本要求，一是教师应以身作则，为人师表；二是教师在教学中既要重视知识传授，又要重视学生的思想品德教育。

（四）整体性原则

以系统理论和现代管理理论为指导，建立合理的教学管理系统结构，坚持以教学为主，全面安排，分清管理层次，明确管理权限和职责。

（五）规范性原则

建立良好的校风（领导的作风、教师的教风、学生的学风），建立和健全各项教学管理规章制度，明确各教学环节的教学质量要求和实际的衡量标准，使教学管理工作制度化、规范化、科学化。

（六）程序性原则

教学管理要抓住主要环节，实行程序控制、阶段把关、全过程管理，做到管理工作的程序化；教学管理必须讲究效率和效果，把定量管理和定性管理结合起来。

（七）主体性原则

教学管理部门和教学管理人员是教学管理的主体，教学管理队伍自身素质的高低，直接决定了教学管理的效果。因此，教学管理人员要加强业务知识的学习和自身修养的提高，具备教育学、心理学、管理学的基本知识，熟悉教育法律法规，依法办事，科学管理，并善于将管理与服务有机地统一起来。

第二节　职业院校教学组织管理

一、职业院校教学组织机构的设置原则

(一)任务与职能相适应的原则

相关职能部门是为了有效地完成职业院校的工作任务。因此,设置某一组织机构,必须尽可能地将同类工作任务归结到同一管理部门中去,使设置的每一个职能部门都具有明确的职能和管理权。否则,同一事件,这个部门有权管,那个部门也有权处理,就会造成工作彼此冲突、互相扯皮推诿,延误任务完成。同时也应注意,不要把互相没有必然联系的几件事放在同一个部门管理。

(二)分工与协作相结合的原则

科学的分工是管理工作有条不紊的保证,明确责任、落实任务、强化职能是设置职业院校组织机构的基础。学校管理的任务目标并非某一部门所能完成,需要各部门的协调与协作。因此,设置职业院校组织机构,既要考虑到合理分工,又要考虑到有利于促进协作,明确各部门间的相互关系及协作的内容和范围。

(三)层级与效率相协调的原则

设置职业院校组织机构的层级应以提高工作效率为原则。层级过多,看似系统性强、管理严密,但工作运行周期长、周转多、效率低;层级过少,则管理幅度增大,工作过程中会出现顾此失彼的现象,也会影响工作效率。

(四)精干与高效相统一的原则

设置组织机构,应注意充分发挥每一个部门的效能,力求精干,避免机构臃肿、人浮于事等现象。但“精干”并不等于“越少越好”,如果少

到该管的工作无人管的程度就不成为“精干”了，必须把力求精干与高效率、高质量完成任务统一起来，做到机构精干，工作高效。

二、职业院校教学组织管理系统

（一）领导机制

职业院校可以依据现代管理的基本原理，建立由决策指挥机构、执行机构、参谋咨询机构、民主监督机构、信息反馈机构五个部分组成的教学管理系统，并相互协调同步，形成连续封闭的回路，产生有效的管理活动。校领导班子分工要明确，权限要分明。各位校领导对属于自己职权范围内的事情，应及时处理，勇于负责，对教学管理的指导思想、政策、规划、改革举措等重大事项应提交校务会议通过民主讨论决定，在提交讨论之前，可以先拿到教学工作委员会上征询意见。为了使校领导的决策正确恰当，学校应建立灵敏有效的信息反馈系统，如各级领导听课制度、定期检查制度、设立教学巡视员和信息员制度等，目的是及时了解真实的情况。

（二）教学管理机构

学校教务处等职能部门要在主管校长领导下开展具体管理工作。主要是两方面的工作：一是具体组织实施教学管理工作，使全校的教学有序地运转起来；二是起参谋部的作用，凡向主管校长汇报或请示问题，必须讲明所请示问题的原委，事实应弄准确，同时为主管校长对此问题决策提出方案，有可能的话尽量提出多种方案，并分析采用某种方案的利弊，以便比较、决策。

在众多教学职能管理部门中，教务处应处于中心地位，其他教学管理部门以及各院、系、部要密切配合教务处的工作。组织部门在考核和选拔其他教学管理部门以及各院、系、部主要负责人时，征求教务处长的意见是必要的。

各院、系的主要工作就是组织教学活动，院长（系、部主任）负责全院（系、部）的全面工作（重点还是教学），他们应具有与本院（系、部）所开设专业相符的高级专业技术职务并是学科的带头人。分管教学的副院长（系、部副主任）主持日常工作并负责具体实施，其至少应具有与本院（系、部）所开设专业相符的高级专业技术职务，熟悉教学业务，能提出学科建设和教学改革的方案。涉及全院（系、部）的重大教学改革举措及活动除在院（系、部）务工作会议上讨论外，还应在教学工作委员会范围内征询专家教授或其他教师、其他人员的意见，与学生关系密切的提案，还可听取学生的意见，做到民主决策。各院、系、部应设教学秘书或教学干事，处理日常性的教学事务工作，他们应熟悉本院、系、部的主要教学业务，人员必须相对稳定，每一任教学秘书或教学干事的任期不宜太短，一般至少四年为宜。

（三）参谋咨询机构

建立和健全参谋咨询机构是决策科学的需要和保证。一般高校的参谋咨询系统可由以下部分组成。

第一，建立各种专门委员会或领导小组。如学校专门设置委员会、教学委员会、学位评定委员会、招生委员会、职称聘任领导小组、课程建设领导小组。这些委员会及领导小组可以根据任务和要求的不同，在某一方面成为学校领导的咨询机构和审议机构，一般由校领导任负责人，依托职能部门为办事机构，从而发挥机关的参谋、管理作用。

第二，建立和健全校、院、系（部）的教学工作委员会。教学工作委员会是由直接从事教学工作，具有丰富教学工作经验的教师和懂得教学工作、有教学专长的管理人员组成，是党委会或校长办公会决策的咨询机构。决策事项提交一定的会议（如校长办公会、校务委员会等）通过民主讨论决定。主管教学的副校长对重大的教学问题，如对专业的增减、调整、设置，对教学计划的修订，以及诸如类似涉及教学活动或教师利益变更的举措，在提交党委会或校长办公会讨论之前，应先拿到教学工作委员会上征询意见，使校党委会或校长办公会的决策建立在更扎实的基础上。

第三节　职业院校专业设置管理

一、职业院校专业设置的意义

（一）对经济和社会发展的影响

教育一方面受到经济和社会发展的制约，另一方面又对经济和社会发展产生影响，这种影响较多地表现为专业设置对经济和社会发展的影响，特别是与经济和社会发展关系十分密切的职业教育。

第一，职业教育的专业设置影响劳动力的就业结构。由于专业与人才数量、质量上的连带关系，专业设置直接影响了劳动力的专业结构。

第二，职业教育的专业设置影响产业结构。一个产业的发展最重要的是市场的前景，这其中包括人力资源市场的前景。一方面，人力资源的专业走向引导了产业结构的变化方向；另一方面，产业结构的需求也推动了专业结构的调整。

第三，职业教育的专业设置影响技术结构。技术的发展与专业的发展相辅相成，专业设置也影响到技术结构的变化。

（二）对职业院校的教育教学工作的影响

第一，专业设置关系着培养目标的具体落实。社会职业千差万别，需要的人才也是各式各样的，不同的专门人才只能由不同的专业来培养；不同的人才规格由不同的业务范围去体现、实施和落实。因此，专业设置是专业培养目标得以落实的前提。

第二，专业设置关系着师资队伍建设。职业院校的师资队伍是按照专业进行配备的，除了文化基础课教师外，专业基础课教师、专业技术课教师和实习指导教师，均需依据专业性质进行配备或培养。师资队伍建设一旦脱离专业设置，就不可能形成合理的结构，也就无从谈起专业人才的培养。

第三，专业设置关系着教学设施、设备的购置与配备。不同的专业对教学设施、设备的要求是不同的，教学设备的配备、实验仪器的购置、专业教室的设置和实习基地的建设等，取决于专业的性质。只有明确了学校的专业设置，才能有针对性地配备不同品种、不同规格和不同数量的仪器设备。

第四，专业设置关系着教学文件的制定。培养方案、教学计划、教学大纲是教学的重要文件，而培养方案、教学计划和教学大纲必须根据专业的培养目标去设计、制定和编写。教材的选定与编写、理论教学与实践教学的课时比例安排等，也都因专业的不同而有明显的区别。

二、职业院校专业设置的基本原则

（一）适应社会需要和就业导向原则

要按照社会、行业和企业的实际需求，调整专业设置，改革办学模式和人才培养模式，不能只根据本校办学条件来决定专业设置，不能按学科教育模式培养高技能人才。那些社会需求不大、办学定位不明确、办学特色不突出、就业率低的现设专业要坚决予以调整。今后新增专业要重点发展振兴经济相关的急需专业，特别是与区域经济主导产业相关的专业。

（二）特色和保证质量原则

职业教育专业要具有职业教育的鲜明特色并具备相应的满足教学需要的师资、设备、设施等必备的办学条件，特别是要具有校内外专职、兼职结合的“双师型”教师队伍及稳定的校内外实习、实训基地，以保证办学质量。专业的师资和实训条件必须保证“双证书”教育，即学历文凭证书和职业资格证书教育共同实施。调整后的专业能够在以就业为导向的职业教育办学特色中体现专业办学水平和办学质量。

（三）效益和规范管理原则

专业设置要力求体现集约化与最优化的资源配置，以最少的投入培养最多、最好的人才，求得专业教育的高效益，即在一定的教育投入和运行成本的前提下，力争取得专业教育的最高效率、最佳效果和最大效益。从一个地区来看，要尽量使专业布局合理，减少不必要的重复设置，以利于统筹规划，提高办学效益。专业调整要有利于加强职业教育的规范和管理。本科院校举办职业教育要集中规范管理，职业教育技术学院应有相对独立的办学场所，保障相应的师资、实训条件和办学经费。本科院校里的系部不得自行举办职业教育班，不得自行设置职业教育专业。

三、职业院校专业建设与改革

要建立以重点专业为龙头、相关专业为支撑的专业群，辐射服务面向的区域（行业、企业），促进学生就业，推动专业整体建设与发展。

学校各专业或专业群要成立由专业带头人、骨干教师、行业企业专家组成的专业教学委员会，发挥其作用，加强专业内涵建设，制定科学的专业人才培养方案。

专业人才培养方案要将工学结合、校企合作作为人才培养模式改革的切入点，引导课程设置、教学内容和教学方法改革，特别要不断开发、建设核心课程。教学过程要突出实践性、开放性和职业性。

专业人才培养方案包括以下内容。

①专业名称。

②教育类型及学历层次。

③入学条件。

④学制。

⑤职业面向（主要就业单位、主要就业部门、可从事的工作岗位）。

⑥工作任务与职业能力。

⑦培养目标（能力目标、知识目标、素质目标）。

⑧应取得的资格证书及等级。

⑨学生应修学分或应修课程。

⑩核心课程设置（核心课程及教学要求、主要职业技能训练及教学要求）。

⑪教学进程（教学周期表、课程及实践教学环节学时学分表）。

⑫各类课程学时分配（各类课程学时结构、理论教学与实践教学学时结构）。

⑬专业教师（含实训指导教师）任职资格，具体要求包括专业、学历、技术职称、工作态度、实践能力等。

⑭实训要求。

⑮专业教学建设。

要紧密联系行业、企业，加强校企合作，不断改善实训实习基地条件。要加强学生的生产实习和社会实践，积极探索校内生产性实训基地建设的校企合作模式；要加强校外顶岗实习工作，结合不同专业特点，制定学生顶岗实习管理办法，确保顶岗实习工作具有实效，保证在校生至少有半年时间到企业等用人单位顶岗实习。

加强课程建设与改革。依据技术领域和职业岗位的任职要求，参照相关的职业资格标准设置课程体系和选择教学内容。突出核心课程建设，要明确并重点建设与职业资格证书标准相衔接的核心课程体系，依据职业岗位对知识、能力、素质的要求，按工作过程项目导向、任务驱动等方式设计教学内容。

根据人才培养模式改革的需要，加强专兼结合的专业教学团队建设。要制定“双师”结构的专业教学团队建设规划，制定提高专任教师的综合职业素养与实践教学能力的政策、措施和兼职教师队伍建设的规划、措施。

改革教学方法与手段。设计“教、学、做”一体的情境教学方法，使用灵活多样的教学手段，充分利用现代信息技术，重视优质教学资源和网络信息资源的利用与共享。考核方式要灵活、适当，注重校内成绩考核与企业实践考核相结合。

加强教材建设，尤其注重与行业、企业共同开发紧密结合生产实际的实训教材，确保优质教材进入课堂。

第四节　职业院校课程建设与管理

一、职业院校课程的划分

职业院校课程是指职业院校为实现特定的人才培养目标，在课堂教学、课外学习及自主活动等方面的内容纲要和目标体系，是教师教学工作和学生学习活动的规划和安排的总和。

从理论上来说，职业院校课程可以理解为是一系列体现教育目标和学校培养目标的课程方案（包括课程原则、目标、类型、模式等），是一系列教学指导，包括教学和训练活动的书面文件或媒体，以及教学计划、教学大纲、教材和计算机辅助教学软件等，是一系列活动内容，包括实验、实习、实训、实践、劳动、调研和参观等。从教学活动来说，职业院校课程可以理解为是学校设置的一门或全部教学科目。

广义的课程包括显性课程和隐性课程。显性课程是指按照教学计划必须学习的课程；隐性课程是指属于教学计划外学生学习的课程，它是学校教育活动中，采用间接的、内隐的方式呈现的课程，如建筑、文化、教室布置、师生关系等。

现代职业院校课程按照课程内容和价值准则，可分为学科课程、活动课程、能力中心课程和核心课程四类。

（一）学科课程

学科课程，又称分科课程，是目前学校课程的主体，它以各门科学的知识体系为基础，以学科为中心进行课程设计。学科课程有着几百年的发展历程。在发展过程中，人们不断加工改造学科课程，为其增添新的内容，使其在形式上更加完善。学科课程以文化遗产和科学为基础，具有逻辑性、系统性和简约性，有助于学生学习知识和巩固知识。但是，独立的一门学科课程很少与其他学科相关联，这导致了学科之间相分隔，不能与实际生活相联系，也阻碍了新知识的吸收和新科学的融合，严重影响了课程内容的更新。

（二）活动课程

活动课程，又称为经验课程或生活课程，它是根据学生的兴趣、经验和需要而组织的一系列活动的课程，活动课程的目的在于开发和培育学习主体的价值，突出学习主体。活动课程的主要内容与实际生活和社会有关，这类课程有助于学生进行职业训练，并能与学科性的理论课程相配合。活动课程的主要目的是巩固新学的知识、技能，借助主体与客体之间的相互作用，整合彼此分散的知识、技能，使已学知识、技能能更广泛地进行迁移。职业院校教育中的实践性教学环节大多采用这种课程类型。这种课程主张学习必须与个人的经验发生联系，尊重学生主动精神，关注学生的兴趣爱好，重视学生创造能力的培养。但是，这种课程背离了人的发展所必需的文化知识体系和科学所具有的逻辑，忽视了教育活动中的关键性的社会目标，课程内容庞杂，难以适应职业院校教育的快速发展。

(三)能力中心课程

能力中心课程主要以职业能力为基础,通过职业分析和工作分析,选择岗位工作必需的知识、技能、态度等要素来编制课程。能力中心课程又分为工作任务型和工作规范型,工作任务型按工作任务的总体要求组织胜任该工作任务所必需的知识、技能和态度等;工作规范型按照工作规范中每个操作步骤的具体要求组织和排列相应的知识、技能、态度等。工作规范型适用于熟练工人的培训,工作任务型适用于技术员培训,与工作任务型相比较,工作规范型在课程组织方面更具体,针对性更强。能力中心课程能够使课程内容模块化,一个模块对应一项或几项能力,教学计划根据学生的需求,借助课程模块进行灵活组合,课程模块化有助于课程的个性化发展,避免课程受传统时间框架的约束。通过课程模块化,学生自主决定学习进程,自行选择模块学习先后顺序。

(四)核心课程

核心课程,也可称为问题课程,是围绕问题来组织课程内容。核心课程与学科课程和活动课程都不相同,它既不以学科体系为中心,也不以学生的活动为中心,而是以解决实际问题的逻辑顺序为主线,将多门学科的知识及技能综合起来,显而易见,核心课程明显地交织了多门学科,这对于知识的综合与创新具有重要的促进作用。核心课程一般都需要提前计划,所有学习活动都从一个社会问题展开,这就避免了学科课程脱离实际,活动课程过分迁就学生兴趣的偏向。

除此之外,职业院校课程按性质还可分为理论课程和实践课程,按内容可分为基础课程、专业基础课程和专业课程,按呈现方式可分为显性课程和隐性课程。随着科技和经济的发展,职业院校教育不断变革,职业院校教育会产生更多的课程类型。

二、职业院校课程建设的目标

课程目标,又称课程标准,是国家意志在课程领域的体现。它由政府或院校制定和颁发,能具体规定教学目标、教材纲要、教学要点、教学时数和编制教材的基本要求。职业院校教育人才培养的课程目标依据职业院校教育人才培养目标来制定，将学生的职业能力和技能的形成作为重点内容，使学生在一定的时限内达到预期的标准。

构建职业院校课程目标是非常有必要的。首先，课程目标是培养高级技术人才的需要，职业院校教育的教学重心是人才素质的培养与训练，因此，应确立与之相应的课程目标。其次，课程目标是课程组织与实施的纲领性文件，课程目标对课程的知识、能力、技能的范围和深度，以及结构体系、课程评价标准、课程组织与实施等提出了具体要求，这是取得良好教学效果的必要条件。最后，课程目标是编写教材的重要前提，由于职业院校教育的专业面广、课程门类多、内容繁杂、专业的地方性强，上级政府部门难以制定统一的课程目标，因此，职业院校教育的课程目标大都由职业院校根据当地的经济发展及本校教学实际的需要自行制定。不过，在制定课程目标的过程中，最好有课程专家、教学人员、课程管理人员参加，特别是企业、行业中有一定理论水平和实践经验的工程师和技术人员的参与。

职业院校课程目标设置要具体化。具体化主要体现在两个方面。第一，不论职业院校教育人才培养的课程目标还是整个职业院校教育课程开发的工作目标，都必须有明确的指导思想，以便能很好地统领其他各项工作。第二，总目标、分目标等各个目标，都要具体，有针对性，有明确的内涵。课程总目标要尽量标准化，分目标要尽量行为化。课程开发工作要以目标为中心来展开，不能与目标的具体要求偏离太远，也不能搞形式主义。目标必须合理，能充分反映职业结构、岗位要求和学生学习等方面的需求。课程目标具体化还应突出重点，将与职业核心能力形成有直接联系的知识与能力作为重点，并建立相应的指标体系，衡量专业核心能力和核心技术掌握程度。

三、职业院校课程建设的原则

（一）课程设置保持稳定性与灵活性相统一

职业院校课程内容设置既具有稳定性又具有灵活性。一方面，职业院校课程设置若没有相对的稳定性，那么高校就不能为课程实施做好准备，尤其对于一些师资条件、教学设施落后的学校，若没有相对稳定的课程设置，就难以保证人才培养的质量。另一方面，影响职业院校教育课程的外部因素不断发生变化，学生的认识不断改变，每个学生的兴趣各不相同，如果试图用原有的课程计划指导当前的教学，那么课程质量就无法被保证，课程设置就显得不合理。因此，职业院校教育人才课程内容的设置，既要相对稳定，又要有一定的灵活性，只有时刻紧跟科技进步、时代发展、技术革新的步伐，才能培养出现代化建设需要的合格人才。

同时，职业院校教育人才培养的课程建设是一项长期的工作，需要不断地研究新问题，吸纳新知识，采用新方法，不断检验和调整教学内容，不断丰富课程内涵，根据社会需要的变化及科学技术的发展变化与应用来完善课程的结构和创生新的课程，使课程的设置处于一种动态的发展之中。

（二）课程内容设置保证系统性

职业院校课程内容设置要紧密围绕人才培养目标来设置，需综合考虑各种因素，满足各方面要求。课程内容设置要考虑学时分配，要设计科学的课时结构，以减少课时浪费，避免内容重复。课程内容设置要参考课程目标，保证设置课程的可操作性和可实施性，课程内容设置要满足学生技术应用能力和解决问题能力的提升。课程内容设置要注重理论与实践的结合，重新审视已有的教学课程经验，合理整理知识，建构出有特色的课程。此外，职业院校课程内容设置还应着眼未来发展需要，统筹规划现有资金、人员、设施、制度，积极创造条件，合理利用资源，充分调动各方面积极性，以促使课程系统更加完善，保证课程在有限的时间内获得最好效果。

（三）课程内容坚持多样化

课程文件表达形式的有限性，必然会限制课程内容的多样性，从而不利于教学目标的实现。因此，职业院校课程形式要多样化，不能单纯局限于书本，还应包括录音、录像、多媒体等。职业院校教育课程设置除向学生传授最实用的知识和技能外，还应能满足生产、建设、服务与管理等一线岗位对技术应用型人才的实际要求，以此提高学生的科学文化素质和创新能力。

（四）教学课程保证全员参与

职业院校设置课程时，要鼓励与职业院校教育有关的各类人员积极参与,充分发挥他们的智慧和能力,以构建出符合职业院校教育教学要求,结构合理,内容新颖实用的有特色的课程体系。课程内容设置需要各类人员的参与,包括各级教育行政部门的领导和课程专家,职业院校和企业培训机构的广大教师、教学管理人员,以及在校学生和已经在实际工作岗位中工作的毕业生。全员不仅要参与课程设置的各个环节,而且还要参与检验、评价、反馈课程开发成果。实践证明,单纯依靠走访、座谈等传统的调研方式难以奏效,必须邀请一部分相关的社会人员参与课程内容设置,与他们共同分析、共同研究,以促成课程内容设置有效完成。

第五节　职业院校实践教学管理

一、职业教育实践教学的意义

实践性和职业性是职业教育教学的突出特色,因此,加强实践教学意义非常重大。

(一)有利于提高职业教育人才培养的质量和适应性

实践教学环节的加强,增加了学校师生接触社会、接触实际的机会。一方面,可以使教师更好地了解社会经济发展对人才素质的需求及其发展趋势,从而促进教学内容和教学方法的改革,使自己的教学与社会实际紧密结合。另一方面,使学生彻底克服重理论轻实践、理论脱离实践的不良倾向,以此提高学生的实践能力。同时,在实践教学过程中,要把对学生职业技能的训练与职业素质的训导有机地结合起来,使学生普遍具有较高的职业素质,愿意在生产、建设、管理、服务第一线工作。

(二)有利于职业教育教学改革的进一步深化

职业教育的教学改革受传统办学模式影响很深,在具体教学实践过程中,总是跳不出传统的以学科为中心的教学模式的框框。加强实践教学环节,可以找到职业教育教学改革的突破口和切入点,使传统的教师唱独角戏变成教师、学生共同参与,以此调动学生学习的积极性和主动性。

（三）有利于突出职业教育的特色

实践教学以职业技能的训练和职业素质的训导为主,实践教学基础建设以实训车间为主体,而不以实验为主体,把对学生职业技能的训练与职业素质的训导有机地结合起来,充分体现职业教育注重培养学生实践能力和职业素质的特点。同时,实践教学的不断改革与深化,可以推动理论教学从传统教学模式中解放出来,在课程体系、教学内容和教学方法上突出职业教育的特色。

（四）有利于学生创新精神与创新能力的培养

加强实践教学环节是培养具有创新精神与创新能力的人才极其重要的途径。通过实践教学,让学生在具体的技能训练中发现问题、分析问题和解决问题,从而提高学生综合运用所学知识在实践中解决实际问题的能力。

二、职业院校实践教学管理的任务

实践教学要改变过分依附理论教学的状况,应在教学计划中有较大比重,以达到培养学生的技术应用能力的目标。要淡化理论与实践教学的界限,依托由相关行业、企业的专家和本校教师组成的专业建设委员会,改变理论教学与实践教学相分离的局面,努力做到理论教学与实践教学相结合,专业技能和技术应用相结合,实践教学与科技开发相结合,形成以素质和能力培养为主线、理论教学体系与实践教学体系相融合的教学体系。

（一）制定实践教学工作计划

系主任要依据教学计划及时制定每学期的实践教学工作计划,填制实践教学材料需要计划表和仪器设备的申请订购单,根据实践教学任务的需要安排和审批实践教学材料的领用,严格督促、检查实践教学各项规章制度的贯彻执行。

（二）实践教学的组织管理

实践教学的内容要严格依据专业教学计划及教学大纲中对实践环节的要求进行，要特别重视实践教学内容的改革，增开综合性、设计性、应用性强的实训项目。实习实训要选派有实践经验、有相应职业技能证书的教师指导。指导教师根据实习、实训大纲的要求，制定好具体的实习、实训计划，编写出实习、实训任务书、指导书和有关参考资料。在实践教学过程中探索有职业教育特色的教育模式。

（三）实践教学的考核

学校要加强对实践教学的考核。不论实践教学时间长短，均应安排专门的考核时间，可采用笔试、动手操作和答辩等形式对每一个学生进行考核，并结合平时表现综合评定成绩。要积极创造条件，推动职业教育毕业生“多证制”的实施，加强学生的基本技能和职业资格证书技能的培训工作，突出职业教育学生特色。根据各专业特点，要明确规定各专业学生毕业时必须具有的基本技能证书和职业资格证书种类，使学生在毕业时能够获得两种以上的证书。

第三章 新形势下职业院校教育质量管理

在新形势下，职业院校教育质量提升是改进职业院校教育方式的一个重要方面，也是检验职业院校能否满足市场需要的重要指标。根据目前对职业院校教育的研究，提出了很多检验职业院校质量的标准。本章就对这些质量管理标准展开分析和研究。

第一节　职业院校质量目标系统的建立

一、职业院校教育质量的内涵阐释

前面已对源自经济管理领域的质量概念做了较为深入的阐释，那么，什么是“教育质量”呢？沈玉顺教授认为教育质量是“学校根据国家教育方针政策的要求，为满足特定的社会和学生发展的需要而确立的教育目标，设计、组织、实施的旨在实现这一目标的教育活动达到的预期效果的度量”。还有学者提出，“教育质量是教育服务主客观规定性的量度表达”。这两种界定按照哲学中对质量的理解思路，将质与量统一起来，教育质量就是对教育之质的测量。另外，有学者将教育质量定义为“教育满足个人和社会显现的和浅在的教育需要能力的特性”。初看起来，该定义类似于前文所述经济管理领域中对质量的理解，但是，将教育质量归结为一种特性却与ISO对质量的定义相去甚远。教育质量表征不应当被固定下来，而应该是职业教育能满足市场需要的程度。

高质量教育是社会对职业院校提出的真正要求。在英国，衡量教育水平的机构提出，政府和私人开办了许多所学校，这些学校对于接收学生没有要求，给学生公平的入学机会，但学生和职业院校如果没有把握住整体方向，学生接受的教育不是贴合社会需求的，那教学活动就不是有效的。英国还有学者认为，培育优秀全面的人才如果不遵守学生的心理发展规律，强加不符合其年龄的知识给学生，会使其更加抗拒完成学业学习知识。另外，如果没有充足的教育资金来更新教学设备就不要随便启动发展计划，设备更新不完整更影响培养学生的水平。同时，要建成高质量的教育，如果不考虑学生本身的需要，建设过程可能会很快，但是建设后会加大学生学习压力，增加学生学习无用知识的时间。还有学者提出，职业院校教育质量是一种衡量教学成功与否的标准，高层次院校制定完整教育目标后，学校通过流程化的教学对学生的各个方面进行教育熏陶。从这些不同的定义中可以看出，职业院校教育质量的内涵与经济管理领域中的质量内涵在本质上是一致的,即“一组固有特性满足要求的程度”。

在经济管理领域,质量的载体是产品,产品既包括有形的物质产品,也包括无形的服务产品。而职业教育的产品是所培养学生的质量,是职业院校满足社会和政府对其的需要,也是职业院校通过教育设备、知识课本和优秀的师资力量培育出全方面人才的过程。在教育的过程中有多个主体涉及其中,他们既对教育的过程进行投入,也时刻要求着教育培养的方向是他们所需要的,所以,职业院校相当于政府和社会企业之间的桥梁,沟通着国家政策和基层民众的需要,职业院校通过培养专业的技术人才为政府和企业提供教育服务的功能。

结合上文来看,将职业教育深化为对社会的服务是职业院校教育模式改革的主要发展方向,学生是这个过程中的最大受益者,将职业院校教育质量定义为职业教育服务所具有的特性能够满足利益相关者的需求。学生当然是最重要的利益相关者之一,除学生之外,还包括政府机构、企业单位及其他社会主体,职业院校的教育不仅要让学生获得全方面能力,还包括满足政府机构、企业单位和其他社会主体的需求。职业院校教育质量所要努力去满足的“需求”应当是各个利益相关者需求在多重博弈之后形成的均衡关系,能够在多大程度上满足需求的均衡,是职业院校教育改革的重要努力方向。

二、职业院校教育质量评估

在20世纪中期以后,世界职业教育进入快速发展期。在职业教育急剧扩张的同时,伴随着职业教育经费短缺,再加之公共问责的范围越来越广泛,职业院校教育质量评估成为影响其生存与发展的关键,从而掀起了新一轮声势浩大的职业院校教育质量保障运动。正如有的学者指出的那样,职业院校教育的评价功能具有其他任何检测方式不能代替的功能,通过对职业院校教育结果进行教育质量评价,能够有效检测出职业院校教育的方向是否更有针对性,使职业院校教育培养人才的方向更符合社会和政府的需求。就中国职业教育评估来看,虽然,只有几十年的发展历史,但是,教育改革与教育评估都是相伴发展的,所以,积极促进教育质量评估工作的发展就显得尤为重要。

根据联合国教科文组织对“质量评估”的定义可知,质量评估

(Quality Assessment)是一个系统收集、量化、运用信息,并据此判断职业教育机构或者教育项目的教学效果和课程充足程度的过程,前者即机构评估,后者即项目评估。与此同时,质量评估也是一个评价学生学习成果,并提高学生学习与发展和教师教学效果的技术性设计过程。该定义指出了质量评估的核心内涵是"判断",也就是要对职业院校教育质量水平的高低作出断定、形成结论。一个科学合理的判断要以依据为前提,这种依据一是标准,二是事实。职业院校教育质量评估的结论不仅是表征事实满足标准的程度,更是要反映事实和标准在哪里?事实是能够真实可靠地反映职业院校教育质量的"信息"或"证据"。标准是评估的尺度,任何评估都不可能离开标准,但标准应当是生成性而非完成性的,是个性化的而非统一性的。该定义还指出了根据对象不同的两种质量评估类型:机构评估和项目评估。机构评估是对职业院校整体办学水平的评估,项目评估是对职业院校内部某个专业或学科的评估。一所整体办学水平不高的学校完全有可能在某个专业或学科上办出特色、办出水平,一所整体办学水平高的学校并不意味着其全部专业或学科都是高水平的,职业院校教育质量评估的这两种区分具有重要的实践价值。另外,职业教育评估十分关注课堂教学的质量和学生在课堂的学习状态,评价策略成为职业院校教育质量建设的起点,是提高职业院校教育质量的手段和环节,其根本的目的在于提高教育质量、促进学生发展。职业院校教育质量评估在职业教育中有着十分重要的作用和地位,但质量评估只是实现目的的手段,而不是目的本身。

质量评估是对质量状态的诊断,其诊断结果即评估结论可以是定量的,也可以是定性的。但是,无论是标准参照性评估还是常模参照性评估,其评估结论要求具有区分性,这是职业教育自身发展的需要,也是社会公众对职业教育的要求。在这个意义上,对职业院校教育结果进行评价是十分必要的行为,在这一过程中能够共同提升评价方和被评价方的能力,评价机构需要聘用专业的学者建立合理的教育评价标准,被评价一方的职业院校需要不断改进自身教育水平,最终的评价结果是对职业院校教育质量进行等级划分。质量评估是一项复杂工程,职业院校教育质量评估的复杂性主要体现在评估主体和对象的多元性。职业教育机构是一种典型的利益相关者组织,它为所有的利益相关者共同拥有,而不是某类主体的私有财产,即使民办职业院校也不例外。职业院校教育质量评估究竟由谁说了算?在理论上,所有的利益相关者都是职业院校教育质量评估的主体，但在实践上，往往由个别主体在没有得到其他主体认可的情况下代行了该项权力。如何吸收社会力量参与到改革过程中，是建设教育评估部门需要考虑的问题，从评估对象来看，以整体办学水平为核心的院校评估、以专业人才培养质量为核心的专业评估和以质量建设专项工程为核心的项目评估都应当纳入职业院校教育质量评估的视野，这是职业院校教育质量评估的核心。

简而言之，构建评估策略体系是提高职业院校教育质量的重要手段，只有进行有效监督才能对教育形势作出准确的把脉和诊断，找到问题的症结所在，质量保障和质量改进才有坚实的基础。否则，职业院校教育质量建设很可能在错误的方向上渐行渐远。

三、职业院校教育质量保障

质量保障（Quality Assurance）是从工业管理中的“质量保证”概念借用而来的，这大大地超越了传统质量管理中的质量检验思想。与质量检验强调对产品严格把关、禁止劣质品进入市场交易从而提高产品质量不同，质量保证强调从生产全过程的视角对产品质量进行全程监控，从源头上提高产品质量及出产产品合格率，质量保证体现了全过程、全方面、全体人员的全面质量管理思想。职业院校教育质量保障也应当体现工业领域全面质量管理的理念，对职业院校教育专业进行全方位的管理与监督，其监督经验可以借鉴其他领域管理的方式，因为各个行业之间都存在一定的共通的理论基础，以此可以有效促进职业院校教育质量水平的提高。职业院校教育质量并非某一个方面的质量，而是涵盖各个方面的整体质量；职业院校教育质量保障并非只是着眼于毕业生的就业状况，而是涵盖入学、培养、就业等全过程；职业院校教育质量保障主体并非只是教育者，而是包含了教育者、管理者、政府、企业、社会团体等各个利益相关者。职业院校教育质量保障突破了点、线、面的局限，是在系统框架下寻求职业院校教育质量建设的有效路径。对不同院校的职业教育作出个性化的教育指导，实现职业院校整体教育实践能力的提升，是对传统职业教育管理理论与实践的重要突破。

对职业院校的教学活动进行保障性评估，也是确保国家教育政策落地、提升人才培养质量的有效手段。对职业院校教育进行质量保障不是对单一专业的监督评价，也不是一项单独的工具或技术，是职业院校内部各专业的通力合作。创新教师理念、加大教育投入、提高教学质量、促进教师发展、完善教育评估、争取社会资源等方面都是职业院校教育质量保障体系中的重要内容,但每一个具体方面仅仅是一个构成要素,要素功能的充分发挥有赖于健全的总体方针政策来保障运行。在以往发展职业教育的过程中,过于注重要素而相对忽视了结构。以人才培养质量为例,职业院校管理者和教育者往往把人才培养质量归结为教务处的职责,而忽视了人才培养质量的责任是职业院校的整体责任,每一位教师甚至职工都与人才培养质量有着重要的关系,职业院校可能会把某方面的工作做得很优秀,但整体办学质量难以得到切实保障。职业院校教育质量的保障是一项系统性工程,它有赖于职业教育管理者对各要素进行有效的统筹,如此才能发挥出最大的效益。职业院校教育质量保障体系包括以下几个主要内容:理念创新支持系统、教育经费支持系统、教师人才支持系统、社会资源支持系统和国际资源支持系统等。

质量保障是职业院校为达到职业院校教育质量标准所做的持续性发展过程。我国一位教育学者曾提出,建立完整的职业院校教育质量保障体系需要教育活动中的各方主体共同参与,首先,需要评价机构与学校合作制定出评价检验规范,同时,职业院校内部教职老师和学生都可以对本校的发展提出自己的建议,职业院校管理者必须定期向基层了解发展意见,从下至上形成合力,以提升学校专业教学水平,质量保障贯穿质量建设全过程,在任一环节都不能缺失高层次的总体性的教育目标。质量评估仅仅能检验职业院校的教学结果,但对教学过程中出现的问题无法给予帮助,它具有明显的阶段性或局限性。但是,质量保障却只能是连续性的过程,因为每一个中断都可能会对正常的职业院校教育质量建设过程造成致命的打击,可能会对学生发展带来负面影响,也可能会对学校发展带来严重破坏。在这个意义上,质量保障是职业院校教育质量建设永恒的主题,在这一连续性过程中不容许任何中断,质量保障没有"假期",质量保障是职业院校为达到职业院校教育质量标准所做的制度性建构过程。

职业院校教育质量保障当然离不开要素投入,但更重要的是如何将各种要素有机统一以产生更大的功效,这需要一套相对完善的制度机制来保障,它体现了对职业院校教育质量管理的思维方式创新。对职业院校教育进行教育质量保障也是管理职业院校教育的一种新形式,但是质量保障有自己的运行规律,应该在专业的理论研究的基础上进行技术性的评价保障。关于教育质量保障,西方学者提出了自己的见解,认为教育质量保障是衡量教育活动过程的一个标准,而不是衡量教育结果的标准,并且,质量保障活动是贯穿于职业院校教育活动过程始终的,不能进行片面性的评价,教育质量保障与教育质量评价在本质上,都是为了促进职业院校教育专业满足于社会需求和政府教育政策,这两项工作在进行的过程中,都需要其他机构进行监督。这些“规范工具”“体系”和“程序”就是使职业教育系统中各个要素协调配合的“润滑剂”,系统的有效运转离不开发挥润滑作用的这些制度与机制。

总之,质量保障与质量评估具有紧密的内在联系,质量评估以质量标准为前提,而质量保障又以质量评估为基础。只有坚持合理标准、科学评估,职业院校教育质量才能有可靠的保证。

四、职业院校教育质量改进

职业院校建立的教育质量检验标准,是为了确保国家教育政策进一步贴合我国教育实际情况,避免职业院校在教育改革过程中出现的一些问题,同时,教育质量保障活动也能反映出政府的教育资源是否均匀地分配给各职业院校,以利于解决职业教育内部资源配置的问题。但是,职业院校教育质量建设的终极目标并不仅仅停留在对基本标准的达成,更重要的是对标准的超越,即质量改进(Quality Enhancement)。因为,追求更高质量是包括政府、企业、社会、学校、教育者、学生等众多利益相关者在内的全社会的共同诉求。更高质量的职业教育能够为社会培养更多高素质人才、创造更多高质量研究成果、提供更多优质社会服务、传承并创新更多优秀文化成果;更高质量的职业教育能够促进学生提高职业能力,也能为学生终身发展能力奠基。更高质量的职业教育是职业教育机构在激烈的市场竞争中,科学发展、和谐发展、可持续发展的生命线,也就是说,职业院校教育质量建设是不断超越的过程,每一个阶段都有不同的教育质量要求,根据经济发展状况不断提升教育质量是经济全球化的必然要求。

质量改进是质量评估和质量保障达到职业院校教育质量标准之后,不断追求新的教育质量目标。对教育活动进行质量改进与进行教育评估不一样,但质量改进与教育评估共处在一个更广泛的连续性过程之中。质量改进也可称作质量提升或质量提高,如果职业院校教育能够得到明显的质量改进，对职业院校进行教育质量评价时评价标准的等级划分可以更详细，会减轻政府教育部门的工作压力，使企业拥有更多的新型技术人才，促进国家整体教育经济水平的提升。从这个意义上讲，建立质量改革目标和对教育效果进行质量评估都是为了对职业院校教育理念进行改进。也可以说，“质量保障与质量提升是同一个问题的两个不同侧面，前者侧重于最低‘底线’，后者更强调更高诉求——追求‘卓越’”。“卓越”没有标准，没有最高，只有更高，因此，职业院校教育质量改进就是一个没有终点的连续性过程。不断的质量改进是职业教育实现其本体性价值和工具性价值的要求和体现。

在职业院校教育质量建设体系的质量评估、质量保障和质量改进不同层次上，所有的利益相关者都应当是责任主体，都对职业院校教育质量建设担负着一定的责任。但是，在不同层次上，各种利益相关者所负责任比重并非固定不变，在传统的质量评估过程中，只有政府部门从事评估工作，评估机构相对单一，忽视了职业院校的自我评估和社会机构的第三方评估，未来的发展应当是这三类核心利益相关者共同参与、均衡协调。关于质量保障方面，政府的主要作用是为职业院校建设投入资金和教学设备，职业院校则是具体采取有效措施来实现质量保障，社会参与具有重要意义，但往往需要政府和职业院校提供有利的平台和机制。总体上讲，由于职业院校是典型的利益相关者组织，政府又是公共利益的代表者，政府具有信任度和权威性，有责任保障职业教育机构向社会提供的教育人才能够满足不同岗位的需要。当然，这并不意味着政府要参与整个评估过程，政府也可以提出自身对教育质量的要求，但具体实施可以通过职业院校和第三方机构去完成。

与质量评估和质量保障不同，职业院校教育质量改进的首要责任主体是职业院校。政府有责任保证所有职业院校向社会提供的职业教育服务达到基本要求，但政府没有义务也没有能力将每一所职业院校办成有特色的高水平学校，完成职业院校教育质量改进使命的只能是职业教育机构即职业院校。政府为职业院校提供了核心资源，搭建了公平有序的市场竞争环境，职业院校只有通过持续的质量改进来提高核心竞争能力，才能在激烈的职业教育市场中发挥自己的教育优势。起初来看，推进质量改进是重要环节和内容，但在其背后更深层次上所蕴含的是职业院校与政府之间的权力关系的变革。“质量提升的主要目的是要把质量管理的权力交给职业院校，发挥其在质量保障中的能动性。质量的提升主要依靠职业院校,依靠教师和学生”。因此,职业院校及其内部利益相关者是职业院校教育质量改进的首要责任主体,而履行责任的前提和基础是政府能够赋予职业院校充分的办学自主权。当然,在强调职业院校质量改进首要责任主体地位的同时,也不能忽视其他社会主体的质量改进责任。

职业教育系统是复杂性系统,质量受到职业教育系统内各组成部门和主体机构的制约。进行质量改革要将教育过程中的主体进行多层面、多途径综合治理。总体上讲,坚持特色化战略、一体化战略、国际化战略和协同创新战略是推动职业院校教育质量改进的重要路径。

第二节　职业院校教育质量提升的路径选择

教育兴则国家兴,教育强则国家强。面对世界各国都大力发展职业教育的情况,我国也应该采取新的策略改进办学模式,职业教育必须积极解决“培养什么样的人、如何培养人、为谁培养人”的根本性问题,以“立德树人”为根本任务,牢固树立科学正确的价值观念,做到与新时代和谐发展。因此,职业教育更要提高质量管理,在以下几个方面满足时代发展和社会进步的需求。

一、要以“培养人”为最终目标

职业院校并非生产“就业机器”的工厂,不能只注重培养学生的应试能力,也要教会学生为人处世的道理。耶鲁大学老校长施密德特曾提出,大学是用来培养有着独立的思维能力、表现自己思想的人才的地方。大学所培育出的人才应该具有独立的思想、解决问题的能力、直面困难的勇气等品质,这是教育质量所要追求的终极目标。

二、师生参与相关政策制定

学校在制定相关政策和规则时，要充分听取师生的意见与建议。其中，教师的意见尤为重要，是决策实施的重要保障，能够充分调动师生的积极性，为学生的成长和学习创造更加适宜的环境，也能够促进教师不断进取，提升自身综合能力。

三、教师的综合能力在很大程度上决定了教育的质量

教师的言语和行为都会对学生造成潜移默化的影响，在教学过程中，需要形成这样的良性循环，以促进教师和学生的和谐发展。因此，职业院校必须把提升教师的综合能力放在首位，从源头上系统地解决问题，提升教育质量。

四、核心任务是“培养人”

职业院校的核心任务是“培养人”，所开展的一系列工作都需要紧紧围绕这个目标进行。职业院校教育质量管理的原则，是要让学生通过教育实现个人的全面发展，成为社会需要的人才。

五、实行“管办评分离”

“管”即政府对职业院校的宏观调控，“办”即学校的自主办学权力，“评”即社会相关组织的评估，政府在对职业院校教育质量管控的过程中应该扎实推进“管办评分离”的原则，引导职业院校结合自身的特点和学生的需求不断改进现有的办学措施，促进教育质量的提升。

六、完善职业院校内部的质量保障机制

各大职业院校应该充分结合自身的办学理念和特点，成立相应的内部质量保障组织，聘请相关领域的专家学者开展质量监督和评估，科学地制定相关制度和规则。

第三节 职业院校质量评估、监控、保障体系的改革与创新

一、职业院校质量评估体系的构建

（一）加快职业教育评估法治化进程

如果不将职业教育评价的具体过程用法律条文的方式进行明确规定，机构之间的评价行为就会过于随意化，第三方评价机构的独立地位和权力也得不到合法保护。如果职业院校的评价标准仅由评估机构制定，这对于职业院校不公平。所以，政府需要派遣专业学者帮助第三方评价机构制定评价标准，同时，将评价标准用法律条文的形式固定下来，减少评价过程中主观性的随意发挥。第三方评价机构还有代替政府对职业院校教育过程进行监督的作用，如果不将这一权力在法律上给予规定，在执行过程中就会缺乏说服力和威信力。如果法律无法保障评价机构评价过程的公正、公开和透明，那么，评价活动便会被其他不可预见的势力影响，只有一切评估行为依靠法律规定进行，社会对于评价机构的评估结果才会更加信任。将评价过程法律化可以从以下几个方面入手：一是用评价章程规定好评估人员每日的工作内容、工作检查标准、工作范围；二是将评估过程的具体流程以条文形式固定下来，评估人员在进行检测时可以明确照此执行；三是增加对评价过程中边界性行为的界定，减少评价过程中各方力量的摩擦。同时，不能只制定法律评价政策而不去照做执行，加强对评价法规执行过程中的监督，使评价的法律法规真正有效落实。

根据我国现在关于职业教育评估的法律数量少和配套法律不足的情况来分析，加快职业教育评估法律建设应从两方面入手。一方面是要从我国现实情况出发，执行我国现行的职业教育评估政策，使其充分发挥规范作用；同时，遵循职业教育评估的客观规律，从大局着手，逐步增加质量评估单项政策的数量，不断调整和完善政策，扩大质量评估政策体系中基本政策的涵盖范围，实现高教评估政策和其他教育政策之间相

互配合、相互补充、相互协调。另一方面是丰富教育评价过程中不同流程的法律规定。制定教育评价法规与制定教育评价标准一样，都需要先根据职业院校的教育专业和课程对职业院校进行一定的分类，在分类指标的基础上，根据教育层次的不同对职业院校评价工作进行不同的法律规定，同时，要考虑到地方学校的特色化专业和课程，对此要进行一部分特殊规定。在制定相关教育评价法规时要考虑到，有从属关系的部门应该有更针对性的法律去规定，而不同部门之间应该协作共同完成教育评价过程。制定教育评价法规的部门也需要制定一些补充条例解释具体的法规政策，因为，教育法规里面全部都是专业名词，工作人员理解起来有一些困难。建立细则化的解释规章后能够减轻评价人员的工作任务，使教育评价工作更具有严格性和信任感。

（二）不断改进职业教育评估方法和评估技术

加强对一个技术种类进行深入的研究，需要从两个方面入手。

首先是基础知识的学习，而后才是实践手段的练习。如果改进教育第三方评估技术不经过系统的理论知识的学习，评价方法在应用过程中就会不符合职业院校的专业要求，评价结果也就不能反映职业院校教育的真实水平。我国教育历史丰富，与职业教育评估方法相关的其他学科在我国已经有较长的发展历史，我们可以通过阅读教育史料并结合当代各方面力量对教育需求的新趋势建立完备的教育评估方法。

目前，我国已经实施的职业教育评价的方法还存在以下几个方面不足：一是评价一门专业学科仍然只依据此门学科的相关检验标准。评价一门学科时如果不能结合相关其他专业的质量标准，其评价结果是不全面不专业的，评价应该从多角度和不同主体的需求入手，只有这样，才能检验出该专业的真正教育质量；二是第三方评价机构在招收人员进行评价时，没有严格的人员收录标准，有的新招入的专业检验人员根本不具备此专业的理论知识，已有的检验人员跟不上时代形势，一直采用最原始的传统检验方案，这对于一些新兴的专业来说是不公平的；三是弄清楚教育过程中的几个利益主体，根据不同主体对于教育结果的需要建立教育评价的标准，因为职业院校教育本身就是要满足不同群体对于其结果的需要，如果评价标准没有实际意义，那么，评估结果也不具备参考性；四是身处于大城市和县城地区的职业院校同一专业的检验标准也应该不同，因为二者之间本来就存在较大的基础性差距，所以，在建立评价标准时，应该对学校所处的地域进行一定调查。

要针对具体的评价方向和内容进行规定的详细评价。我国在一开始进行教育评价工作时就提出评价针对的方向和对象要具体，不能对职业院校教育的一整块进行评价，评价工作不细致评价结果就不具备参考性。同时，我国在进行教育评价工作之前还会派专业的技术人员对职业院校的教育专业数据进行一定统计，以数据为基础制定相应的详细评价方案，在初期采取这样的方式取得了较为可信的评价结果。但是，在教育评价活动进行的过程中，评价人员逐渐发现影响教育过程的因素有很多，许多影响因素带有很大的主观特点，是不能通过数据分析进行控制的，因此，针对初期的教育评价发展来说单纯某一方面的详细教育数据无法真正对评价工作具有参考作用。所以，针对无法进行简单量化的教育影响因素采取衡量化的指标，如果这些影响因素是人的主观精神和能力，就可以具体对这一部分人进行分析研究，先确定人的影响能力的最大限度和最小范围，再来进行教育评价数据的统计，这种属于定量性的评估方式，将二者针对的不同方面协调起来，能够对教育活动中的各种因素进行可信任的数据建模。

（三）积极培育独立的中介评估机构

世界各国都在针对本国的职业教育做出不同程度的改变，世界性的进步也为我国建立教育评价体系提供了积极的借鉴作用，要想检验职业院校教育改革方案是否有不断提升，就需要对职业院校教育质量进行评价。经过我国长期的评价活动实践，总结发现，可以通过利用法律规定评价过程中各评估主体的行为和评价流程，建立第三方的监督机构来监督评价机构的行为，减轻政府部门对于教育评价过程的干预，能够使职业院校的教育检验评价更加科学和专业。其中，主要进行评价工作的中介机构可以是政府组织建立的机构，也可以是社会力量组成的私立评价机构，目前还新兴起了一种由职业院校内部教师和专业学者组成的评价机构。但是，无论采取哪种性质的评价机构进行评估都需要确立其独立性地位，确保其运行过程中各项物资和资金储备充足。中介性的评价机构是处于政府和职业院校之间的部门，其地位的独立性也决定了它是连接二者的桥梁，向政府及时报告职业院校教育的不足之处，向职业院校转达政府最新的教育政策理念，通过自身的特殊性质建立起完备的教育质量评价体系。

不能只对教育评价过程的外部进行规定,在内部建设方面也应该进行优化。建立评价队伍时要聘用不同方面的具有专业性的学者和教授,对参与评估的人员受教育水平和职业操守进行严格的规定,因为评估的对象本身就是职业教育学校,如果评价人员不了解职业院校内部的基本运行规律和知识教育结构,也无法深入校园内部进行教育测评。针对这种状况,我国应该将行业准入制度延续到教育评价活动中,想要进入专业教育评价机构从业需要考取相应的资格证明,只有这样,才能严格控制评价队伍的平均教育水平。所以,应该建立严格的教育评价行业的准入制度,每隔一段时间就要对专业评价人员进行审查和培训。

(四)对不同层次的职业院校实行分类评估

由于国家投入职业院校的资金数量有限,如果不对职业院校进行类别的划分,资金就不能有合理的使用方向。所以,政府要做到对于学校内部情况非常了解,以使每笔款项都能用到合适的项目上。国家在进行改革的过程中意识到了职业院校分类的重要性,因此,建立了专业队伍去各个职业院校内部考察,了解职业院校的教育历史,建立分类的标准。同时,对职业院校进行评价的第三方机构也能够加深对职业院校的了解。目前,我国职业院校教育是由政府和社会共同参与,所开办的学校类型比较多,我国各地区政府对于区域内的学校还会采取不同的政策,所以,如果不及时对职业院校类型和扶持标准作出统一规定,职业院校和社会都会产生不满情绪。

对职业院校进行分类的具体规则,要服从相关政策并结合职业院校内部的具体情况,如果不能将适配的教育资源分配于适合的学校,学校就会因为资金不足无法提供企业所需要的技术人才,学生也得不到公平的受教育环境,学校之间原本的差距就会被越拉越大。对职业院校进行划分的好处还可以避免职业院校都向同一种类型发展,以免其他专业出现断层,在职业院校分类的前期调查中还可以增加对职业院校民族特色专业的挖掘,以带动学校招生人数的增长。在职业院校分类标准制定完毕后,对于理科类院校可以增加试验设备投入,对于文科类院校可以增加藏书的投入,以此助力,使学校有更长远的发展。

根据学校办学的大小和直属部门层级的不同,对于职业院校进行划分时需要实地考察,了解不同职业院校是否有核心特色的教育课程,是否可列为民族特色学校,掌握职业院校是否国家采取重点政策去培养的院校，是否为民间力量创办的小型院校等。如果不考虑学校的大小和教师的能力水平，只考虑学校服务的对象，可以将职业院校分为职业类和普通教育类，职业类是针对企业的就业缺口，培养具有专业技术的实践型学生，普通教育类是学生学习其他的实践型不强的专业。在这个过程中，如果政府不能将教育资金均衡地分配于各个学校，就会导致职业院校之间教育质量越拉越大。

将各个职业院校根据不同的标准建立分类体系，对于社会和教育评价机构开展工作都十分有利，各个职业院校之间教育基础、历史文化底蕴和发展方向本就不同，所以不能用相同的评价标准去衡量。同时，要根据职业院校教育分类的不同，制定个性化评价标准，使教育评价的结果更具针对性，让职业院校能够根据评价结果制定自身的教育改进目标和长期建设方案，促进其设立与其他职业院校不同的特殊专业，以增加其在整个行业的教育吸引力。

高度发达的社会分工和高速发展的现代化需要不同类型的人才，由于对各个职业院校的定位和任务不同，在共同性评估指标体系下，不同类型的学校评估指标所占的权重应当适当调整，以满足现实标准的需要。

（五）将评估结果与财政拨款挂钩

职业教育学校虽然有政府投入发展资金，但是，毕竟政府的资金有限，而且，一个地区内职业院校众多，政府每次拿出来的资金总数是一定的，所以，职业院校如果想要额外发展一些教育项目引进教育设备也需要自己筹措一部分资金。目前，我国职业教育院校的经费来源主要有政府专项资金、社会慈善机构捐款和成功企业家的捐款等，这在一定程度上丰富了职业院校资金来源的渠道。

我国职业学校更新学校内的教学设备、聘用教授级教师和学校内部行政管理的各项开销资金主要来自政府、教育慈善机构的捐款和企业的项目投入，在这几种资金来源中，政府对学校教育的教育投入是占大部分的，但是，就国家每年对各种项目的投资总数来说，对学校的投入只是其中的一小部分，在这种情况下，如果政府投入学校的资金不能得到有效的利用，职业院校不能很好地改进教学方式，便会使得教育不能满足社会对于专业人才的需要。

为了进一步提高拨款的使用效益，我国的职业教育评估应当按照

"目标明确、分类考核、先易后难、稳步实施"的政策导向，建立和公共财政相适应的职业教育评估体系，引入以绩效评估为导向的公共资源配置方式。

2018年，中央对职业院校预算拨款制度进行了深入改革，改革的总体思路是：完善支持体系，突出职业院校职能；细化综合定额，体现办学差异；稳定专项投入，明确支持重点；增加绩效拨款，构建激励机制。这种通过评估来拨款的方式符合职业教育大众化趋势，在由职业教育精英教育向大众化教育过渡的重要时期，政府的这种拨款政策很好地处理了职业教育大众化和职业教育需求的矛盾。理想的绩效拨款在一定程度上将竞争机制引入职业教育，并借助市场竞争的手段进行有效的职业教育资源重组，在职业院校之间形成竞争态势，以达到优化资源配置、提高职业教育整体质量水平的目的。

二、职业院校质量监控体系的构建

(一)把握教学质量监控核心理念

把握好教学质量监控的核心理念，关键是要树立牢固的质量意识。构建职业院校教学质量监控体系的终极目标是要不断提升人才培养的质量，体系中的各个环节和方面都要根据这个目标展开。在运行职业院校教学质量监控体系时，要对体系中出现的问题和现象不断反思，积累经验和教育，及时发现问题并作出正确调整。此外，构建职业院校教学质量体系也要将人才培养的质量和效益有机结合起来，以学生、家长和企业的就业满意度作为参考，检验教学质量监控体系是否真实可靠。

要明确教学质量监控的目标和标准。在开展职业院校教学质量监控活动时，相关部门的管理人员都要对各自的职责有准确的定位和明确的目标。职业院校可以按照现有的教育相关制度和理念，结合自身的特点有针对性地制定出教学质量监控的总目标和各个分目标，并将各个目标落实到各个职能部门，职业院校要进一步把各部门的工作职责和制度规划清楚，以免引起不必要的资源浪费。此外，职业院校在开展教学质量监控活动时，必须有清晰的标准，包括动态标准和静态标准。动态标准主要体现在活动开展的过程中，静态标准主要体现在活动的结果上。比如，在对学生进行监控时，目标体系既要涵盖学生对教学的满意度，也要将教学育人的成效包括在内，标准除了要有稳定性之外，也要对其及时调整和完善。在完成一个监控周期后,要根据监控结果所体现出的问题及时地对监控标准作出调整。

要制定规则和不断创新。规则主要是指职业院校在教学质量监控体系的构建过程中,按照一定的规则对各项工作的流程和要求提出明确要求。要不断推进教学质量监控活动的开展,在全体教职工人员和学生群体当中牢固树立起规则意识,要求其以规则作为行动引领,所开展的一系列相关工作都要以此规则为标准。创新是指职业院校要不断对自身的教学质量监控体系进行创新性的改进,在结合自身特点和借鉴其他职业院校的有效经验的基础上,不断完善自身的监控体系,在校内成立专门的教学质量监督组织。因此,职业院校在构建监控体系时,不能盲目照搬其他职业院校,要充分结合自身的办校理念和实际特点,以问题为导向,在遵守相关规则和发展规律的情况下,对监控体系不断地进行创新和完善。

(二)提升教学质量管理的信息化水平

目前,现代信息技术蓬勃发展,给各行各业都带来了实质性的影响。教学质量监控也要充分与现代信息技术有机结合起来,通过相关技术手段对信息进行科学的搜集和分析,不断提高监控成效。因此,职业院校在进行教学质量监控时,也要不断提高教学设施的信息化水平,结合学校特点努力构建人才培养的数据采集和管理平台。数据采集与管理平台是体现职业院校人才培养实效的重要标准,能够将职业院校的办学情况和人才培养效果直观、全面地展示在大众眼前,学校能够更全面地掌握每个学生的就业情况,为职业院校监控教学效果提供了坚实的基础。

促进职业院校的人才培养数据采集与管理平台的建设,充分体现人才培养数据信息对教学质量监控的积极促进作用,可以从以下几个方面进行:其一,职业院校要不断对人才培养信息系统进行调整和完善,及时更新相关数据,确保数据的准确性和时效性,教学主管部门系统的相关数据和校内平台的人才数据需要保持一致。因此,要努力组建一支高水平的信息人才队伍,为学校开发出人才培养数据系统,同时要结合自身的实际情况,不断完善系统功能,及时整理、补充、完善相关数据,构建起科学合理的质量预警体系,将影响人才质量的不利因素减到最少。其二,职业院校要不断优化和完善信息的搜集方式,制定科学有效的信息搜集制度,努力从数据源头采集第一手数据。此外,还要结合实际情况制定出科学有效的数据处理制度，对搜集到的数据进行科学正确的分析和整理并不断改进，对各教学单位的人才培养效果作出科学客观的评价，形成“实时、动态、共享”的数据评价体系，不断促进教学质量监控体系的发展，切实提高教学质量。

（三）培育现代职业教育质量文化

所谓的现代职业教育质量文化，是实际的教学实践中形成，学校所有成员普遍认同，具有科学稳定的群体意识、目标、标准，并与评价体系所形成的集合。职业教育质量文化的发展，已经逐渐成为职业院校教学质量监控体系的一个重要方向，职业教育的质量文化呈现出“金字塔”结构，主要包括：精神文化、制度文化、行为文化和物质文化。因此，要培养出高质量的职业教育文化重点从以下四个方面着手。

第一，构建物质文化。职业院校的物质文化层面涵盖范围广，具有职业指向，主要分为校园设施文化和校园环境文化，体现出学校的办学理念和综合水平。校园的设施文化主要指学校的各类建筑、楼宇、装饰等，环境文化是指学校的生态环境、资源环境等方面的文化。校园的设施文化和环境文化都对职业院校的教学质量监控和人才培养起着积极的影响作用。

第二，打造行为文化。职业院校的行为文化主要指各类活动，包括教学活动、课外活动、社会活动等形式。行为文化体现着学校的文化氛围和人文风貌。

第三，凝练制度文化。制度文化能够约束职业院校的管理，使其不断趋于标准和规范。职业院校的制度主要包括各类组织运行机制和管理体系，是文化建设的重要组成部分。

第四，弘扬精神文化。精神文化作为文化建设的核心，对于职业院校来说，主要是指校风、校训所涉及的范畴。因此，要不断传承和发扬学校的精神文化，明确学校精神文化建设的根本目标，找准关键，通过精神文化熏陶不断将人才培养的目标落到实处。

三、职业院校质量保障体系的构建

（一）政府从评估垄断者向规则制定者转变

根据新的教育质量评估体系发展情况来看，政府在评估过程中的社会角色发生了转变，原来由政府统一进行教育质量评估的方式已经不能适应如今社会对职业院校教育质量的要求，政府由唯一的教育质量评估机构变成了教育质量评估标准的制定者，将评估权力转移给专业的教育质量评估机构，政府选择性行使评估权，这极大地推动了职业院校教育质量评估规范化的建设。

我国教育管理体制的特点和传统决定着职业院校教育质量管理的主体一直是政府，政府拥有绝对的权力，在政府集中管理职业院校教育的情况下，政府的评估结果在社会上具有较高的公信力，政府在教育活动中具有重要的作用，能够在教育资源配置中起到良好的效果。随着职业教育体制改革，政府将更多的教育监督权力交给中介评估机构，自己做好统筹安排和总体规划。同时，加强对职业院校教育质量的监管和服务，让政府从“管理型”向“服务型”的方向转变，从“划桨者”转变为“掌舵者”。“政府的职能是维护和创设良好的制度环境，而不是亲自从事一项具体的活动，世界各国的市场经济实践告诉我们，在市场经济的体制环境下，政府的基本原则是，凡是民间能办的事情就让民间去办，凡是市场能办的事情就让市场去办，凡是基层能办的事情就让基层去办”。

政府应将职业院校教育质量保障中的“错位”与“越位”的职能转移给中介性评估认证机构，通过合同、委托等方式与中介性评估认证机构进行合作和交流，对职业教育进行公共治理，共同对评估结果产生影响。政府还应更多地将目光放在分配教育资源、制定各阶段教育政策和教育结果审查上，制定符合职业院校实际教育情况的法律文件，稳定评估过程中各行为主体的评估活动，并能够依据法规对教育评估机构的评估行为进行检查，增加民众对评估机构的信任度，提高评估机构的专业性。政府也可以完善评估机构的准入制度，对符合评估要求的机构颁发从业许可，减少不正规机构乱评估的现象，明确评估工作的范围、责任以及权限等，规范评估行为，平衡好各个评估主体的关系，让政府、职业院校、社会形成权力制约以及平衡，在功能上充分发挥互补的作用，保证评估结果的客观性以及公正性。

（二）中介（第三方）评估机构保持独立并提供专业服务

现阶段，我国的教育中介多数是半官方性质的，我国教育中介机构自身带有官方色彩，其评估并不能够满足实际的需求，在社会上的地位也不明确。评估的机构不能梳理好政府、学校与社会的关系，自身的主体存在混乱，从业人员缺乏专业理论知识的培训，社会上对于评估机构的认可度也不高。加之政府在一段时间内的行为是“委托或代理”而不是“行政授权”，所以，中介性评估机构在委托和代理中很难独立生存下去，更不能以自己的名义或独立的法人地位扩大自身职权，而且也不能以独立的名义对法律人格作为担保，进而对评估机构的地位和职能产生影响。

中介性评估机构是一种社会组织机构，与其他法人组织一样，都需要政府对其进行宏观调控和指导。政府在将评估权力交给第三方评估机构时，也赋予了它一定的行政权力，职业院校会根据评估结果整改自身教育活动，此时，中介评估机构是代替政府行使对职业院校教育的监督权力。在具体的评估过程中，中介机构的评估行为也在政府的监控下，评估机构要完成政府部门制定的教育评估目标，向上传达职业院校教育质量评估结果，向下监督职业院校教育质量，成为职业院校和政府机构之间的协调者。

中介性评估机构是一个独立的主体，在评估过程中要不受各个部门的干扰，针对职业院校办学的各个专业，要采取不同的质量评估方案，运用专业化的手段和公正的评估态度对职业院校进行全面评估，并要全公开全透明地将评估过程与结果公布于信息交流平台，接受社会各方面对其评估过程的监督。

第四章

新形势下职业院校人力资源管理

加强师资队伍建设是职业院校全面提高教育教学质量的重中之重，而能否按人力资源管理的方式去改革人事分配和管理制度，是职业院校师资队伍建设能否适应人才培养模式改革的关键。职业院校教师人力资源管理承担着对教师人力资源的招、用、留、激励等各个环节的管理任务，其目的就是通过职业院校管理者的价值引导和教师的自主管理，将学校预设的发展目标转化为教师个体的自觉意识和目标，以利调动和发挥教师个体的核心能力，以确保职业院校教育教学能及时获得所需要的教师人力资源，同时为学校未来发展所需师资做好储备与开发，最终实现学校的管理目标。加强职业院校教师人力资源管理对提高职业教育教学质量，全面提升职业院校办学内涵，推进学校可持续发展，加快完成职业教育由外延式发展向内涵式发展转变具有重大的现实意义。本章就对新形势下职业院校人力资源管理进行研究。

第一节　人力资源与职业院校教师人力资源

一、人力资源及其管理

（一）人力资源的概念与特征

1. 人力资源的概念

传统意义上的人力资源是物质劳动的数量和质量及其随时间和在某些领域的潜力的总和。将来、现在和未来的工人将被包括在时间序列中。根据地理界限，劳动人口可分为特定国家、地区、行业或组织的劳动人口。人力资源的概念至少被理解为工人的体力、智力、知识、经验和技能。

2. 人力资源的特征

劳动者是历史的创造者和推动者，也是社会物质财富和精神财富的创造者和所有者，是最主动、最积极、最活跃、最有能动性的人力资源。作为一种特殊类型的经济资源，人力资源不仅具有质量、数量、时间和空间的属性，还有自然的生理特性。

（1）自有性

人力资源属于人本身，与人是不可分割的。尽管在招聘时，雇主会阶段性地使用人力资源，但工人对于自己的时间仍然拥有最高级别的所有权，这是将其与其他资源区分开来的基本特征。

（2）再生性

经济资源分为两大类：不可再生资源和可再生资源。不可再生资源一般为矿藏，每一次开发利用，总量就会减少，森林等可再生资源在开发利用后仍能保持资源总量不变。只要保持必要的条件，人力资源的可再生性是通过人口和劳动力中个体的不断更替、更新和再生来实现的，当然，人力资源的可重复性取决于对一般生物规律的遵守、人类意识的支配和人类活动的影响。

（3）生物性

人力资源将身体视为自然载体，它是一种生物资源，与人类的自然生理特性和遗传密切相关。一般而言，体力劳动者需要更高的生理健康水平和更强的体力要求；而脑力劳动者则需要更丰富的知识积累和智力、经验。此外，人力资源生物性还表现在个人和社会角度的人力资源的再生性，这一特点决定了在人力资源使用过程中需要考虑工作环境、工伤风险、时间弹性等非经济或货币因素。身体是人力资源的自然载体，它是一种与人类自然生理和遗传特性密切相关的生物资源，一般来说，劳动密集型岗位的工人对物质人力资源的要求更高，从事高科技和智能职业的员工需要更高的智力、情感和经验。此外，人力资源的生物性还体现在人力资源从个体和社会角度的可再现性上，这一特点表示使用人力资源时必须考虑非经济或财务因素，例如工作环境、使用人力资源时的工作事故风险和时间灵活性。

（4）能动性

人力资源的能动性，是指人的体能与智能结合在一起所具有的主观能动性，这种能动性具有不断开发和提高的潜能。人力资源的能动性可从以下四个方面来理解：有意识性，知道活动的目的，可以有效地对自己的活动作出抉择，处理自身与环境之间的关系；人在活动中处于主体地位，是支配其他一切资源的主导因素；人具有自我开发性，在生产过程中，人是对自身的消耗，但更重要的是在劳动中通过自身行为的合理化，使自己的劳动得到补偿、更新和发展，这是其他资源所没有的特征；在生产过程中的可激励性，即通过对人的工作能力的提高和工作动机的激励来提高工作效率。

（5）时效性

人力资源的形成、开发、分配、使用和培养与人的生命周期密切相关。首先，人的生命是一个积累人力资源的过程。但是，由于员工的类型和层次不同，开发和使用权代表一个人生命的某一阶段，社会科学和技术人才的最佳生命阶段将有所不同，每个人的最佳时期并不总是一致的，而且，人力资源作为一种劳动的能力存在于劳动者体内，只有在其发挥作用、创造财富时才能显露出来。如果是体力型的人力资源，不能使用，不仅会造成浪费还要消耗其他资源来维持，如果是智力型的人力资源，如果不开发和投入使用，不仅会导致浪费，其本身也可能失去价值。另外，人们在一天中的不同时间看起来也不都是一样的，所以，我们需要理性地使用它们，以最大限度地发挥一个人在不同年龄段的潜力。有效的管理可以随着时间的推移最大限度地利用人力资源，而管理不善则会导致人力资源的浪费和流失。即使是同一个人，在不同管理机制与不同激励的措施下，其提供劳动与创造的价值也可能有巨大的差别。

（6）持续性

物质资源经过人们反复开发之后，会形成一个相对稳定的产品，物质资源转化成相对稳定的产品，是一个完整的生产过程。人力资源与物质资源不同，除了上述生产和再生产的生物学意义外，人力资源保持可持续发展不仅仅是一个发展过程，也是训练、收集、改进和构建的过程，这个过程会持续到职业生涯结束。

（7）资本性

人力资源具有资本性，可以投资并得到回报。人力资源与物质资本的根本区别在于，人具有主观能动性，而物质是被动的。人力资本是一种活的资本，是劳动者能力和价值的资本化，有自己的意识、需要、权利和感情。可以能动地进行自我投资、自主择业和主动创业。一句话，人力资本可以自我增值、自我利用。

（8）创造性

将人力资源与其他资源区分开来的最重要特征是人力资源是“有意识的”，并且是知识的传递者。凭借自身的智力活动，具有巨大的创造潜力。这种创造性的人力资源性质，要求从社会的角度调动人们的积极性，并有效地配置资源；从公司的角度来看，需要适当的激励来提高人员部署的效率。从个人的角度来看，只有加大智力投入，选择最适合自己的职业，才能最大限度地提高人力资本投资的回报。同时，人类的知识可以传播和深化，将之前所学的知识带入生产活动，使得人力资源更有使用价值。

（9）双重性

人力资源既是生产者又是消费者，即人力资源的两个特征。这要求我们不仅要注意人口控制，还要重视人力资源开发和人才培养，充分利用和开发现有的人力资源。

（二）人力资源管理

1. 人力资源管理的概念

从人力资源管理理论发展的历程来看，“人力资源管理”的概念可以总结为以下三类。

第一类是“人力资源管理”的概念，由彼得·德鲁克、巴克等人提出，他们认为人力资源管理是最广泛意义上的一般管理职能，包括理解、支持、开发、使用和协调。人力资源管理的这一定义基于管理“人本主义”的思想，将每个员工视为宝贵的资源，而不是组织最小化的成本。人类学家的观点表明，人力资源管理使用一系列管理行动来确保有效的人力资源管理，其目标是实现个人、企业和社会的利益。

第二类观点认为，人力资源管理包含了广泛的概念和技术，只有掌握这些概念和技术，才能执行涉及个人或人员在领导工作中的任务。

第三类以斯托里等人为代表，他们在 20 世纪 80 年代后期引入了英国管理学院，倡导以人为本和多元化。斯托里和其他人认为，人力资源管理是证明管理者合法性的另一种方式，而不是用作工具或方法。

综上可以理解，人力资源管理是在一定环境下，通过计划、组织、协调、激励等管理功能，协调组织中人、事、物之间的关系，探索人类的全部潜力以激发人类创造一系列针对个人愿望和商业目标的活动。

人力资源管理必须实现以下四个目标：人与事的匹配，要求做到事得其人，人尽其才；促进人与人之间的协调，达到诚信与和谐；一起工作并强调团队合作与工作之间的联系，需要有组织的权力和责任；要发挥整体优势，人的需求与工作报酬尽量达到一致，要求实现酬适其需，人尽其力，讲求最大贡献。

2. 人力资源管理的特征

（1）综合性

人力资源管理是一门非常复杂和综合的科学。这需要充分考虑经济因素、文化因素、组织因素、心理因素、生理因素、民族因素、地理因素等，包括经济、科学、人类学、心理学、技能科学等。

（2）实践性

人力资源管理理论诞生于发达国家，我国的人力资源管理理论相关研究还不成熟,因此,我们应该从实际出发,学习发达国家的研究、开发和人力资源管理的成果。

（3）发展性

人类对物质定律的理解往往受到许多主客观条件的限制,不能急于求成、一蹴而就,而需要一个长期的过程。因此,所有学科都是开放的,并且正在发展认知系统。人力资源管理理论可以概括为三个发展阶段,古代的人事管理思想——包括中国古代人力资源管理的思想,里面有很多亮眼的东西,至于旧的西方人力资源管理概念,大多数都是基于量化管理,没有系统。科学管理思想——以泰勒、法约尔和韦伯为代表,以"经济人"为前提,以效率为目标,对待人就像对待物一样,管理的重点是数量的协调,以及科学化和组织化。现代管理思想——将科学管理与行为科学相结合。根据"以人为中心"的"人类社会"的假设,有意识地对人力资源进行定量和定性的管理,逐步走向质量管理(如概念管理)是必不可少的。

（4）民族性

人们的思想感情都受民族文化传统的限制,因此,人力资源的开发和管理具有民族特色。美国和日本都是资本主义国家,但是,两国在人才培养和管理上存在很大差异。美国是一个个性化的资本主义制度,美国人遵守条约是一个普遍的原则,因此引入了自由就业制度,这是个人之间高度竞争的工作系统。而在日本却并非如此,日本是家庭资本主义,崇尚尊老、强调内在统一的儒家传统,对大企业家族的忠诚是日本人的行为准则。

二、职业院校教师人力资源管理

职业院校教师人力资源管理,其实质就是通过职业院校管理者的价值引导和教师的自主管理,将学校预设的发展目标转化为教师个体的自觉意识和目标,调动和发挥教师个体的核心能力,从而实现学校的管理目标。职业院校教师人力资源管理承担着对教师人力资源的招、用、留、激励等各个环节的管理任务,以保证职业院校教育教学能及时得到所需要的教师人力资源,并根据专业教师团队建设的需要努力对教师人力资源进行最佳的配置和最好的激励,同时,还要做好学校未来发展所需师资的储备和开发。

第二节　职业院校教师人力资源管理的目标与原则

一、职业院校教师人力资源管理的目标

职业教育肩负着培养大批高素质、高技能人才的使命,在我国加快现代化建设的人才培养中具有特别重要的地位和作用。教师作为职业教育的第一资源要素,直接决定了一个学校办学水平的高低和培养出学生质量的优劣。为此,要办好职业教育,教师人力资源管理是关键。职业院校的人力资源管理除了传统人事管理外,更重要的是指针对职业院校专任教师的不同需要进行的潜能挖掘与开发。著名经济学家舒尔茨认为,对人力资源进行开发型投资所形成的,可以带来财富增值的资本形式叫人力资本,人力资本体现在人的身上,表现为人的知识、技能、经验和熟练程度,即表现为人的体力、智力、能力等素质的总和。因此,职业院校教师人力资源管理不仅在于挖掘教师潜能,实现教师人力资本增值,促使教师个体的不断发展,而且还在于使教师的人力资本在实施教育的过程中最大化地发挥效能。因此,职业院校教师人力资源管理与开发的目的就在于提高教师的整体素质,使教学组织内的成员共同为教学目标的实现发挥聪明才智,并通过这种方式来实现个人的目标和价值,最终实现学校求才、用才、育才、留才等方面的目标。

二、职业院校教师人力资源管理的原则

(一)适用的原则

选人、用人的一个重要标准是"量才适用"。现代人力资源管理,强调以人为本,就是要求以人为中心,充分实现人的潜能,关注人与组织的协调发展。因此,职业院校要根据工作岗位的具体要求选择最合适的人,而不是一味盲目追求高学历、高层次和"最优人才",这样,不仅是招聘成本的浪费,而且也是人才资源的浪费。

（二）客观公正原则

客观公正是任何形式的招聘活动都必须坚持的基本原则，招聘过程中应尽可能避免招聘者个人主观偏好因素的干扰，建立科学合理的人才评定标准，以公正、公平、合理的标准去衡量人和评价人。这就要求招聘者既要有广纳贤才的胸襟，又要有识才、辨才的能力。

（三）参与原则

职业院校教师人才资源管理的首要职能是保证各用人部门及时得到需要的人，所以，用人部门参与招聘是招聘成功的关键。一方面，部门对本领域所要求的专业知识和技能特长有深入了解，可以保证所选之人更加符合职位和岗位工作的要求。另一方面，部门直接参与招聘还有利于部门内部关系的融洽。

（四）激励的原则

完善的激励机制包括物质激励和精神激励两个方面。较高的工资水平、良好的工作和生活环境等满足了教师的基本需求，但并不能起到真正的激励作用，真正能够起到激励作用，发挥最佳效应的因素是工作表现机会、具有挑战性的工作目标、工作成绩得到认可、职务上的责任感、提升机会等。领导对教师工作的反馈尤其是肯定、表扬、称赞、提拔等，可以让教师充分地感觉到成就感和归属感。

第三节　职业院校教师人力资源建设规划

一、职业院校教师人力资源建设规划的概念

职业院校教师人力资源建设规划指的是以学校总体发展战略为指导，按照专业建设目标的要求，分析现有教师的年龄与性别结构、学历与职称结构以及创新型产学研团队等因素，预测职业院校发展环境的变化及教师供给与需求状况，制定相应的教师队伍规划，包括短期、中期

和长期规划。职业院校教师人力资源建设规划是职业院校战略规划的一个子规划,它是职业院校战略规划的中心内容,是实现学校战略目标的重要保证,是保障学校可持续发展的重要手段。

教师人力资源建设规划的制定是运用一套分析技术来进行战略开发的过程,在这个过程中,要将一个目标或一组意图分解到各个步骤中,然后对各步骤予以细化,并详细阐述每一步骤预期产生的后果或结果。

二、职业院校教师人力资源建设规划的程序

程序规范是内容科学的基本保证,通过履行规范的程序,提高规划的深度和水平,提高教师人力资源建设规划的科学性与合理性。教师人力资源建设规划制定要经过如下程序。

(一)民主参与

职业院校教师人力资源建设规划编制必须注重民主参与。一是健全规划编制专家咨询制度,组织规划咨询、论证、评估等活动。二是采取多种形式保障教职员工和相关组织参与规划编制过程。在规划制定过程中,充分听取专家、教授的意见,特别要重视吸收基层专业教师的意见,全面了解不同专业团队的利益与诉求,尽可能保证规划的科学性、合理性与操作性。

(二)衔接

规划衔接是保障各级各类规划协调配合、形成合力的关键环节,各级各类规划要与相关的规划衔接,下一级规划要与上一级规划衔接,部门规划、专业规划、专项规划要与总体规划衔接,相关规划之间要相互衔接,同级规划相互协调。职业院校教师人力资源建设规划也应当与其他规划做好衔接工作,进行职业院校教师人力资源建设规划的主要职能部门也应与相关单位做好沟通与衔接。比如,职业院校教师人力资源建设规划需要以专业建设规划目标为指导,要与校园建设规划紧密配合。在具体制定过程中,职业院校教师人力资源建设规划应与学历教育和职业培训教育等人才培养规划相结合,与技术研发、社会服务规划相衔接。只有这样,才能保证教师人力资源建设规划的科学性与前瞻性,才

能保证学校发展战略的整体性。

（三）论证

论证主要是指专家论证，是职业院校教师队伍建设规划中最重要的环节之一。要尊重专家治学的权力，充分发挥学术委员会、教学指导委员会、规划委员会等组织的作用，让其积极参与到教师人力资源建设规划当中来，充分听取其意见和建议——只有专家学者才能更准确地把握专业发展的前瞻性，只有各专业带头人才能更深刻地认识到教师队伍存在的不足与其发展方向。这样，才能为下一步教师人力资源建设规划提出更科学、更合理的建议，才能使教师人力资源建设规划更好地起到重要的政策指导作用。

（四）评估

规划评估是保障规划有效实施的必要环节。要改变“规划编制时轰轰烈烈，编制完成后高高挂起”的状况，必须加强对规划实施的检查监督，必须对规划实施过程开展评估。根据以往的经验，规划实施中暴露出的一些问题，有些可能是实施不力造成的，有些可能是因为规划编制不符合实际造成的。通过规划评估，可以更好地认识到问题，以便及时采取措施予以调整。此外，实施规划是一个动态的过程，环境的细微变化都会导致对规划的不断调整，通过评估，可以及时了解变化，调整相关内容，提出更有针对性的措施和建议，以充分保障规划总体目标的实现。

在着手制定发展规划前，必须有一个明确的指导方针或指导思想。职业院校教师人力资源建设规划的指导思想是制定和实施规划的根本准则。正确的指导思想，能够充分反映国家、地方和学校自身的利益与要求，能够与国家和地方的教育发展指导思想相吻合。

第四节　职业院校教师人力资源结构

一、职业院校教师人力资源结构的概念

所谓结构，是指事物内部各个要素、部分相互联系的方式。任何事物的构成都有其结构，结构是构成事物、决定事物性质和质量的内在因素。不同事物的结构决定着不同事物的性质。

职业院校教师人力资源结构是指教师队伍中教师本身条件要素的构成比例及其相互联系，如教师的职务、年龄、学历、专业、成分等要素的构成比例，以及教师的素质及其相互之间的关系等。

从系统理论的角度来看，教师队伍是一个系统。系统原理认为：系统虽然由要素组成，但它却具有其构成要素所不具备的新的功能。要素的功能好，系统的功能未必就好，系统的功能不仅取决于要素的功能，还取决于系统的结构。这一原理，同样适用于教师人力资源结构的理论研究与实践。因此，我们要通过教师人力资源结构的调整与优化，促进其整体功能的发挥。

教师人力资源结构从根本上讲是一个动态结构，它要适应所处阶段的国家政治和经济发展水平的需要；适应产业结构的升级换代，适应日益更新的技术发展要求；适应各学校的性质、任务和规模以及专业建设的需要，并随着学校的建设和发展进行动态性调整而不断优化。

二、职业院校教师人力资源结构的优化

（一）做好规划，指导教师队伍建设工作

职业院校要树立科学的发展观和人才观，坚持以人为本，把教师队伍建设始终作为职业院校改革和发展的大事来抓，科学制定学校发展战略规划和教师队伍建设规划，为教师队伍建设工作提供指导性文件。要对教师队伍的现状作出客观分析，根据国家下达的人才培养任务和学校的办学目标，确定专业建设规划和教师人力资源建设规划，对教师的学

历、职称、年龄、专业及专业带头人等结构提出相应的要求。

职业院校在进行教师人力资源建设规划时，应当加强结构意识，做好个体素质与整体素质、潜结构与显结构的有机结合，全面实现职业院校教师人力资源结构优化，使之发挥整体系统功能。

（二）建设富有创新能力的高层次人才队伍

1. 以专业建设为平台培养高水平专业带头人

名师是显示教师队伍水平的标志性人物。一所职业院校在国内是否有地位，主要看它是否有一流的教师队伍，一流教师队伍的重要标志之一就是要有高水平的专业带头人，要有具有国内领先水平的名师。

高水平“专业带头人”是指在本专业及相关领域造诣精深，且有较大影响力的行业领头人物；职业技术应用方面具有精湛的专业操作技术和开拓性业绩，且得到同行公认的“技术大师”“工艺大师”或“行业专家”。以专业建设为平台，加强高水平专业带头人的建设，一是要不断完善高水平专业带头人队伍的选拔培养机制。二是要加强对高水平专业带头人，尤其是对精品专业、重点专业带头人的能力素质建设。

2. 大力建设创新平台，加强创新团队建设

创新团队建设是教师人力资源结构优化的重要工作，它需要充分挖掘现有教师队伍的潜力，在分析现有教师的优势、特点与不足的基础上，扬长避短，优化组合。职业院校要积极适应这种趋势，采取切实措施，加强团队建设。要积极推进职业院校各专业的教学科研组织改革，创新职业院校人才培养模式，着眼于承担地方和行业重点发展领域或先进技术前沿的研究任务。以创新为平台、以产学研基地为基础，以优秀拔尖创新人才为核心，实现设岗、选人与做事的有机统一，重点支持建设一批高水平的创新团队。

3. 重视中青年专业带头人和骨干青年教师的培养

专业带头人的选拔和培养是职业院校教师队伍建设的重要方面。专业带头人是各个专业的旗帜和领军人物，没有专业带头人的专业建设是平庸的、不完整的。但是，专业带头人团队如果没有梯队结构，青年骨干教师素质跟不上，专业带头人团队出现断层现象，将不利于教师队伍

的可持续发展，尤其不利于优势专业和特色专业的可持续发展。因此，各职业院校要高度重视专业带头人梯队和青年骨干教师团队的建设。

为了促进专业带头人梯队和骨干青年教师团队的形成，应培养和造就一大批具有创新能力和发展潜力的中青年专业带头人和青年教师骨干，形成可持续发展的优秀人才梯队。

第五节　职业院校双师型教师队伍建设

一、“双师型”教师的内涵

就字面上理解，“双师型”教师就是具有两种以上培养人的能力资质的老师。其中教师是其首要的身份，是主体，其他的身份都是依附于这个身份之上的，强调的是教师的“一专多能”。不是从事教学工作的人员，即使具有多重的“师傅”身份也不能称作“双师型”。如果在传统的“教师”身份之外，还具备工程类、财会类、金融类、司法类等方面并经过正规机构认定的专业职称或等级证书，都属于“双师型”教师的范畴。有的地方把具有基础教育教师职称或具有企业、行业和行政管理经历的教师也称为“双师型”教师。①

在国内的相关研究中，对“双师型”教师的认定还没有统一的标准。一种观点认为应当以获得证书为依据，在取得教师资格证的基础上另外再获得经正规机构认定的专业技术等级证书，就可以称为“双师型”教师。另外一种观点则认为，应当以具备的能力为依据，既具备理论教学的能力，又具备实践课教学和指导学生实践的能力，就是“双师型”教师。还有一种观点认为，单凭证书或单凭能力都难以认定为“双师型”教师，因为很多证书并不能证明获得者具有相应的能力，更无法证明他有相关的实践经验和实际操作技能。至于说是否具备某种指导学生实践的能力，没有相关的专业等级证书也很难确定，这种观点认为，“双师型”老师的认定，既要看证书，也要看能力，除具备高校教师资格证和相

① 张铁岩，吴兴伟．职业院校师资队伍建设研究[M]．沈阳：东北大学出版社，2004.

应的教学能力外，还要具备非教学系列的专业技术证书以及相应的资历和能力。虽然，国内还没有完善的“双师型”教师的内涵界定和执行标准，但对“双师型”教师应当具备的基本素质还是有很充分的论述，归纳起来，“双师型”教师除具备高校教师的一般专业素养外，还应当具备以下几种素养。

（一）行业专业素养

看一个人是不是行家，并不只是看他是否掌握了这一行的几项技能。一个会做家具的人并不一定是这一行的行家里手，一个熟练的车工也不一定能成为行家。行家的内涵比掌握一项技能要丰富得多。“双师型”教师应当是某方面的行家，具有较为深厚的专业素养。一是具有丰富的职业、行业基本理论知识，了解本行业的历史沿革和发展现状，对行业的前沿技术和发展前景有深刻的认识，熟悉本行业的政策法规，在必要的时候能提出有价值的意见和建议。二是对企业、行业文化有较深入的研究，能准确地把握本行业文化的实质与核心，善于利用行业和企业文化凝练行业、企业精神，用文化元素推进企业管理和行业发展。三是具有相应的管理协调能力，能进行有效的沟通、协调和组织管理，整合相关资源，调动各方面的积极因素，激活创新和发展潜力，化解企业生产和营销过程中的各种矛盾和消极因素。四是具有较强的专业实践能力，熟悉行业的生产工艺和操作技能，熟悉企业的生产环节和销售流程，能有序组织企业按章程和计划开展业务，在行业或企业出现不景气的情况时能够提出科学有效的应对之策。虽然，在目前的教师成长机制下，很难有职业院校的教师达到这样高的行业专业素养，但作为“双师型”教师的认定标准和发展目标，从培养高素质应用型人才的需要来看，高质量的行业专业素养还是值得每一个“双师型”教师为此作出不懈的努力。

（二）行业道德素养

“双师型”教师不仅应当具备行业的职业素养，还应当拥有相应的行业道德素养，这种素养对培养学生的社会公德和社会适应能力至关重要。当下的行业职业道德可分为两大类，一类是各行业约定俗成的公约和规矩，这类规矩有的是显性的，对行业之外的人也是公开的；有的是隐性的，只在行业内部流传而不足为外人道的，特别在一些传承性比较明显的手工行业，比较讲究行业规矩，包括尊重师傅、关键工艺的保密等。另一类则是各行业都普遍适用的职业道德，如不能恃强凌弱；要讲诚信，不以次充好，以假充真；要积德行善，不能为富不仁；要同情弱者，关心弱势群体，接济和帮助那些遇到不幸和困难的人。行业道德并不是一成不变的，特别是在市场经济背景下，追求利益最大化的动机使很多规范行业行为的道德原则被遗弃，行业道德总体水平呈下滑态势，但作为以教书育人为目标的教师，不仅应当了解和尊重各种优秀的行业道德，还应当把行业道德内化为个人修养，用言传身教影响学生。

（三）市场经济素养

没有市场经济素养的人是办不好企业的；同样，没有市场经济素养的教师也是培养不出优秀的应用型人才的，因此“双师型”教师应当具备较高的市场经济素养。市场经济素养的内容比较复杂，其中特别重要的有如下几点。第一，依法经营意识。市场经济是法制经济，市场主体需要遵守相关的法律法规，依法经营，依法纳税，自觉维护消费者的合法权益，才能保证市场的充分发育和正常运转。第二，错位发展意识。市场经济是竞争性经济，跟在别人后面去发展永远形不成竞争优势，只有找准市场空当，发展人无我有、人有我优、人优我特的路子，才能在市场竞争中占得一席之位。独到的市场眼光往往比拥有其他市场要素更重要。第三，合作共赢意识。市场经济是合作经济，通过合作可以达到扬长避短、整合资源、做大优势之效果。市场主体的合作需要双方有坦荡的态度、互利的胸怀、协商的诚意等。第四，资源配置能力。能够盘活存量，扩大增量，激活市场要素的能量，聚集各个方面的资源，使包括人力资源在内的各种资源得到合理而充分的利用。通过知与行、智与技的综合运用实现资源的优化配置。第五，市场营销能力。产品只有通过市场销售才能成为商品，才能产生剩余价值。市场营销能力是市场经济素养最重要的内涵，囊括从产品设计、生产、包装、宣传到售后服务等环节，其中任何一个环节出现了背离市场经济规律的现象，都会对企业和行业带来严重甚至致命的后果。从总体上说，目前职业院校对“双师型”教师的认定标准还停留在掌握一两项技能的层面上，“双师型”被简化为“老师”“技师”，对与企业行业相关的职业素养还没有引起重视。这种结构的“双师型”教师很难培养出优秀的应用型人才。其实，一个学生具有良好的综合素养比掌握一两门实用技能重要得多，技能可以在较短的时间内通过教学和实训来获得，而良好的企业和行业素养往往需要身临其境的熏陶和磨炼。如果职业院校的教师能够在学校里给学生传达一些相关的信息，引导和指导学生加强企业和行业素养，再辅之以现场的实践锻炼，就能让学生在进入企业和行业后少走弯路，少遇挫折。

二、职业院校“双师型”教师队伍建设的意义

如果说教师是教育的根本，那么“双师型”教师则是职业院校赖以生存和发展的命脉。“双师型”教师队伍的数量与质量如何，直接决定职业院校的办学质量和发展前途，直接决定转型发展的成功与失败。

（一）从学校人才培养目标的转型来看，“双师型”教师队伍建设是培养应用型人才的需要

国家确定职业院校以培养应用型人才为主要目标，是与国家经济社会发展战略调整相适应的。对职业院校来说，人才培养目标由学术型向应用型转轨，既是机遇，更是挑战。能不能将机遇转化成优势，将挑战转化为发展动力，最终取决于“双师型”教师队伍建设。

第一，“双师型”教师是培养应用型人才的先决条件。有什么样的教师就会培养出什么样的学生，只有具备实践应用能力的教师才能培养出应用型学生。在现行教育体制机制下，高校学生接受的教育主要在学校，教师是培养和塑造学生的主导力量，学生的实习实训活动更多的是体验而不是增长知识和能力，聘请行业专家来校给学生讲座只能起到“拾遗补阙”的作用，真正系统地循序渐进地传授学生专业知识和实践能力的还是学校的教师，其他任何力量和方式都无法取代教师的地位和作用。职业院校要实现人才培养目标的转型，建设一支健全的“双师型”教师队伍是最根本最迫切的任务。

第二，“双师型”教师队伍的素质决定应用型人才的质量。职业院校培养出什么样的应用型人才，是真应用型还是假应用型人才，并不是学校说了算，而要看毕业生的就业率和就业之后的能力。社会需要高素质的应用型人才，高素质应用型人才的培养需要高素质的“双师型”教师。学生的专业知识扎实与否，学生的实践操作能力强弱如何，相关的职业修养和市场经济素养如何，在很大程度上取决于“双师型”教师的基本素质。有名无实的“双师型”教师只能培养出有名无实的应用型人

才，职业院校不仅要保证“双师型”教师队伍的数量，更要保证“双师型”教师的质量。

第三，“双师型”教师队伍的结构决定应用型人才的适应能力。应用型人才既强调专业化，也强调复合型，既要求具有较广泛的专业知识，又要求具有较强的要求应用能力。在各种知识交叉融合越来越快的当下，具有复合型知识和能力的应用型人才，不仅就业的适应性更强，而且创业创新的思路也更宽更多，复合型是高质量应用型人才的重要特点。这种复合型应用人才的培养受“双师型”教师的专业和能力结构的影响，职业院校应当根据社会对人才需求的特点，调整专业设置，培养和引进相关专业的“双师型”教师，完善“双师型”教师的专业结构，为培养复合型应用人才奠定厚实的师资基础。

（二）从学校服务对象的转型来看，“双师型”教师队伍建设是服务地方经济社会发展的需要

职业院校在人才培养目标转型的同时，也有一个服务面向转型的问题。过去职业院校的服务方向是模糊的、多向的，现在，国家明确要求职业院校的服务要面向当地经济社会发展和文化建设。这种服务更多的是专业技术和专业能力的服务，而不是抽象的理论和学术性服务，能够承担这种服务的主力也是“双师型”教师。从大的方面讲，职业院校服务地方主要在三个方面，其中任何一个方面都需要“双师型”教师担任。

第一，服务地方产业建设需要“双师型”教师。产业建设是地方经济社会发展的基础，也最需要地方高校给予人才和技术的支持。改善生产工艺，解决技术难题，优化产业布局等，都是地方与高校的服务对接点，职业院校要达成这种服务，需要一大批懂专业技术、有实践指导能力的双师型教师，纯学术型教师难以在具体技术服务中发挥作用。

第二，服务地方区域经济和社会发展需要“双师型”教师。当地政府在进行区域经济和社会事业发展的顶层设计中需要进行多方面多角度的思考和论证，需要采集方方面面的合理化建议，地方高校在这方面具有相对独特的优势，一是人才优势，二是专业优势。相对而言，职业院校的教师既有比较开阔的专业视野，也有全局的视野，在助力地方发展方面能够提出有价值的意见和建议。已经有一些地方高校建立了专门为当地区域经济和社会发展出谋划策的“智库”，能够入选“智库”并真正发挥作用的也是“双师型”教师。那些对区域经济发展、社会综合管

理、城镇规划布局、城乡统筹发展等方面有深入研究的教师最受地方政府的欢迎。

第三,服务地方文化建设需要“双师型”教师。在地方经济建设风生水起的同时,地方文化建设也渐渐被提上重要议事日程。职业院校所在的行政区划内,很多富有特色的传统文化和地方文化有待挖掘整理和开发利用。相对而言,地方政府能够对地方传统文化进行深度发掘整理利用的专业人士并不多,亟须职业院校的积极参与。这是职业院校可以大有作为的服务领域,更好地发挥面向当地、服务地方的作用,在服务中达到保护和传承民族和地方文化、丰富当地发展的内涵和品质、活跃群众文化生活的目的,同时还可以做大做优职业院校的特色学科和专业,提高高校和地方的知名度,这种合作共赢的服务最终还是需要一支优秀的“双师型”教师队伍。综合管理、城镇规划布局、城乡统筹发展等方面有深入研究的教师最受地方政府的欢迎。

(三)从学校自身发展道路的转型来看,“双师型”教师队伍建设是保障职业院校特色发展的需要

职业院校自身也将从过去以外延发展为主转到以内涵发展为主的轨道上来,这种内涵发展应符合国家提出的高校“双一流”建设目标。职业院校要建设成为世界一流的高校,就必须建设世界一流的学科,一流学科的建设又离不开一流“双师型”教师队伍的建设。

首先,职业院校的一流学科只能在“应用”两字上做文章,在学术理论上争创一流学科的可能性微乎其微,这是由其特点所决定的。而在应用型学科建设上,职业院校具备贴近地方、贴近实践的优势,通过与当地经济社会和文化建设相结合,在生产建设第一线不断探索创新,完全有可能创造人无我有的专业和学科优势,进而创建在国内外有影响的一流应用型专业和学科。

其次,职业院校的一流学科只能在“特色”两字上做文章。这种特色不可能体现在某种重大前沿科学理论的发现上,只能体现在与地方的紧密融合上,因为区域经济布局的差异性决定了不同本科院校所在地的经济和产业结构的独特性,不同地区的文化和民俗也有各自的特点,只要坚持服务当地经济社会文化发展的方向不动摇,其专业和学科特色就会不期而至,就能够通过持续不断的积累,构成职业院校明显的办学特色,形成一批特色专业和特色学科。无论创建应用学科还是创建特色学

科，都需要职业院校与当地经济社会文化实现精准和深度的融合，而实现这种融合的真正力量就是“双师型”教师队伍。这支队伍的素质越高，能力越强，校地合作的领域就会越宽广，联系就会越紧密，效果就会越明显，创建一流应用和特色学科的概率就会越大，学校的内涵发展就会越持久辉煌。

三、职业院校“双师型”教师队伍建设的现状

尽管“双师型”教师队伍建设关乎学校的前途和命运，但职业院校“双师型”教师队伍建设总体是基础薄弱、发展缓慢的，需要解决的问题和困难很多。具体有以下几个方面。

（一）“双师型”教师总量少，比例低

绝大多数职业院校真正的“双师型”教师人数并不多，占专任教师的比重低。在欧美等发达国家，高校专职“双师型”教师所占比例为专职教师的 31%，而我国的职业院校“双师型”教师却只占专职教师的 10% 左右，与国家要求职业院校“双师型”教师应占 30% 以上的比例相差甚远。问题还在于数量稀缺的“双师型”教师都集中在少数几个学科和专业，很多专业基本上都没有“双师型”教师。

一是工科专业的“双师型”教师多一些，文科专业特别是文化方面的“双师型”教师少。工科专业本身比较注重培养学生的实践动手能力，不少学生在毕业之前就考取了与专业相关的技能证书，经过实习实践后能掌握一定技能，留校后通过进修培训就是“双师型”教师。同时，这些专业与企业联系比较紧密，通过企业培训“双师型”教师或直接从企业引进专业人才到学校任教都比较方便；而文科专业的课程比较抽象，缺乏实际操作特色，更缺乏培训锻炼的平台，在专业评价上也缺少统一公认的行业认定标准，因此，在文化产业开发、文化策划、文化资源利用方面几乎没有“双师型”教师。

二是市场上吃香专业的“双师型”教师少，而相对过剩专业的“双师型”教师多。金融、软件开发、建筑设计等方面的人才都是市场的“抢手货”，不仅很难从外面引进人才来担任专业教师，而且学校已经培养成长的“双师型”人才也经常被企业高薪挖走。而一些市场人才需求相对饱和的专业，“双师型”教师则比较丰裕。这种状况在一定程度上制约

了职业院校对接市场需要设置专业的努力。

三是行政管理方面的“双师型”教师比较少，财会管理方面的“双师型”教师相对比较多。具有机关行政单位管理经历的人才，特别是具有一定行政职务的负责人很少愿意到职业院校来当教师，有些省市想打通高校与地方党委政府干部交流的通道，结果高校去地方任职的积极性远远高于地方干部来高校任职的积极性，相反，高校里那些有管理能力的教师却总想着法子通过考公务员等途径转岗到行政机关。而其他类型的管理人员因为可以通过自学考试而获得资质，加之社会上具有这类管理资质的人员比较多，职业院校中所占的比例要高得多。需要说明的是，这里所表述的“三多三少”都是相对而言的，都没有改变“双师型”教师严重不足的状况。

（二）“双师型”教师证书多，作用少

在职业院校现有的“双师型”教师中，也存在有其名无其实的现象。一种是有证书无经历。现行制度下很多证书都是可以通过考试获得的，财会、律师、建筑等行业都有这种渠道。这种考试只考知识点，并不考查考生的实践能力，也不要求有相应的实践经历和行业工作背景，因此有的教师一个人就有好几种这类证书，但是拥有这类证书并不代表具备在实践教学中指导学生的本领。另一种是有经历无能力。虽然有些教师有过相应的行业工作背景和实际经历，但要么时间过短，没有积累足够的经验和技能；要么间隔太久，原来所了解和掌握的专业知识和技能早已过时或生疏；要么曾经任职或工作的单位或行业规模小、层次低，科技含量不高，个人专业素养和能力没有实质性提高。还有一种情况就是有能力不对岗。有些教师获得了相关的行业证书，也有过在企业行业工作的背景，实践能力也不弱，但其专业能力与其从事的教学内容不对应，不能达到专业技能和教学内容的有机融合。产生这种现象的原因比较复杂，既有利益方面的考虑，如不同专业教学的效益不一样，有的老师宁愿选择没有行业证书但效益好的专业去任教；也有专业调整的结果，有的专业因客观原因逐渐萎缩，部分教师被调整到其他相关专业，其行业资质失去了效用。凡此种种，都不能称为名副其实的“双师型”教师。

(三)建设“双师型”教师队伍的制度、机制不完善

可以说,职业院校的双师型教师队伍建设还处于起步阶段,相关的制度机制还很不健全,工作还没有走上正轨。

一是“双师型”教师的认定制度不健全。“双师型”教师应当具备什么条件,是重证书还是重能力,或者两者兼顾,都没有一个统一的标准。哪些机构颁发的行业证书才能认可;有了证书之后需要多长时间的实践阅历才算具备相应的资质;有什么资质的企业、行业背景才能承认其从业资历,等等,都是一些值得认真商榷和解决的问题,都应当有相对完善的制度规定,要防止为提高职业院校的“双师型”教师比例而降低认定的门槛。

二是“双师型”教师的培养机制不健全。很多学校对哪些专业要培养“双师型”教师,什么年龄段的教师要进行非教育专业的培训,招聘进来的年轻教师需不需要先去企业和行业锻炼后才能上岗教学,这些都没有确定下来。教师去企业和行业挂职锻炼的经济待遇如何确定,对职称评定有何优惠,通过什么措施调动教师参加企业和行业培训的积极性,教师在企业或行业实习锻炼的效果如何评价,所有这些问题都是职业院校无法绕开的,任何一个问题解决不好,都会影响“双师型”教师队伍的建设。

三是“双师型”教师的引进机制不健全。职业院校的“双师型”教师队伍建设需要培养与引进并举,引进一些学科建设急需的应用型教师,能迅速缓解实践教学师资不足的矛盾。但在实际工作中,引进应用型教师也存在许多不确定因素。在引进方式上有全职、兼职、特聘等,不同方式之间的待遇如何保持相对的公平合理,不同行业之间的兼职或特聘教师的待遇如何确定,没有一套科学的机制。在引进对象上有管理型、技术型、操作型,他们之间的等级如何确定,需不需要形成对应关系,比如企业的高管如何确定他的职级待遇,有些获得过国家级大奖却没有相应专业技术职称的人才,引进之后其待遇如何确定。这些非常具体的问题既需要完善的制度规定,也需要灵活的处理机制,职业院校相关制度机制的建设往往滞后于实际工作需要。

(四)培养“双师型”教师的实践平台少,档次低

很多职业院校所在地区的生产型企业数量少,规模小,工艺比较落

后，产品的科技含量比较低，不少还是家族式的手工业作坊。选送教师到当地企业实习锻炼，由于无法接触到行业的先进技术和管理理念，效果十分有限。有些学科专业将教师送到省外的大型企业挂职锻炼，虽然可以起到培训教师的作用，但副作用也很明显，不仅培训成本增加，而且脱离了职业院校为当地经济社会建设服务的宗旨，教师掌握了一些先进的理念和技术，也很难在当地有用武之地。同时，受眼界和抱负的局限，多数地方企业和行业负责人抱着小富即安的心态，加之职业院校的一些专业设置与地方产业发展脱节比较严重，学校教师对地方企业行业的技术支持和专业指导有限。他们既不愿意与地方高校开展技术合作，也不愿意接纳教师去实习锻炼，经常找出各种理由拒绝前来协商的学校部门负责人。地方政府在校企合作中的主导作用也没有充分发挥，缺少引导和激励当地企业开展校企合作的政策机制，不少校企合作都流于形式。这些现象使职业院校的“双师型”教师培养培训深陷困境。

四、职业院校“双师型”教师队伍建设的途径

职业院校加强“双师型”教师队伍建设任重而道远，采取什么措施，选择什么路径，达到什么目标，都需要结合本校实际，听取各方意见，经过科学论证，作出正确抉择。在校级层面上，一要统一思想认识，使全校上下明白加强“双师型”教师队伍建设的重要性和紧迫性，形成上下一心、齐抓共管的工作合力。二要做好顶层设计和建设方案，明确“双师型”教师队伍建设必须以提高教师实践教学和应用能力为重点，以强化学生实践能力和创新精神培养为宗旨，以促进学生就业创业为导向，不断提升教师队伍综合素质；明确“双师型”教师队伍建设的近期和中长期目标，用目标凝聚人心、汇聚力量。三要制定相关的制度、机制，根据需要建立一系列相互衔接、相互补充、相互促进的规章制度，用制度保障工作的正常运行。在学校的中级层面上，主要是根据学科和专业建设实际，制定“双师型”教师培养计划，动员教师参与相关的职业技能培训，认真贯彻落实学校的工作部署，对实际工作中出现的矛盾、问题提出解决的意见和建议，供学校决策参考。在教职员工层面，主要是认清职业院校转型发展的新形势、新任务，解放思想，更新观念，抛弃落后的教育理念，积极响应学校的号召，主动参加各种学习培训活动，努力提升实践教学能力和实际动手能力，用实际行动推进“双师型”教师队伍

建设。只有学校各级领导、各个部门和所有教职员工都行动起来,营造健康向上的良好氛围,形成强大的推进合力,才能促进“双师型”教师队伍建设顺利进行。在建设“双师型”教师队伍的过程中,应当注意做到四个“坚持”。

(一)坚持培训与引进并重,以培训为主

职业院校的“双师型”教师队伍建设,要坚持两手抓。一手是大力抓好培训工作,通过系统培训使学校现有大多数教师掌握一门至两门专业实用技能,建设一支能力突出、结构合理的地方“双师型”教师队伍,打牢学校转型发展的师资基础。一是加强教师实践(挂职锻炼)基地建设,学校与合作单位签订培养协议,建立长期产学研合作关系。每个教学学院均有相对稳定的校外教师实践培训基地或教师实践能力培养合作共建单位,每年都有计划地选派教师到实践基地进行实践操作、实践教学、技术指导、技能培训等工作,将课堂、实验室、技能培训延伸到企业和行业。二是建立教师培训上岗机制。年龄在45岁以下的应用性专业的教师分期分批参加实习培训,培训之后达不到相应技能资质的教师不再上讲台教书,并相应扣减绩效工资;对拒不参加培训的教师,除扣减绩效工资外,还应取消其评先评优和晋职晋级的资格;凡是没有企业行业工作经验的新进教师先参加培训,取得合格证书后才能给学生上课。二是建立教师培训激励机制。对通过培训获得职业技能证书的教师,给予一次性现金奖励,并解决培训期间的交通住宿费用和差旅补助,奖励性绩效享受学校教师的同等待遇,在职称评定和评先评优时给予倾斜照顾。

一手是适度抓引进。对实践教学急需的学校一时难以培养的“双师型”教师,可以通过从企业、行业和机关事业单位引进人才的办法加以解决。从职业院校的实际情况看,引进“双师型”教师受经济实力和区位条件的双重限制,大量引进有真才实学的专业人才可能性不大,只能作为“双师型”教师队伍建设的补充措施。重点引进具有3年及以上企业、行业工作经历的技能型人才,考虑到他们要给学生上课,引进的人才也要有适当的学历,一般情况下应当是全日制本科以上学历,对在省级以上技能大赛中获奖的高技能人才,可适当放宽引进条件。对引进的人才当中没有课堂教学经验的,也要有计划地对他们进行教师资格培训,丰富他们的教学手段,提升他们的语言表达能力和课堂驾驭能力,使他们真正成为“双师型”教师。

(二)坚持专职与兼职并重,以兼职为主

职业院校的“双师型”教师队伍应当由专职和兼职教师构成,专职教师必须是真正的“双师型”教师,既熟悉教育教学规律,能在课堂上给学生上优质的理论教学课和实践教学课,又具备教学能力之外的其他能力,能带领和指导学生搞好实习实训,专职教师是培养应用型人才的主力,对学生的全面协调发展负主要责任。兼职教师虽然也可以列入“双师型”教师范畴,但不一定要求他们具有高校教师资格证,也不一定要求他们全面掌握教育教学技能。他们的职责主要是利用丰富的行业经验对学生进行某种专业技能的培训或指导学生开展专业实习实训。单就某一项专业技能来讲,兼职教师应当比专职教师更内行更优秀,能够弥补专职教师的不足,能更好地培养学生某一方面的专业技能,从这个意义上专兼职教师形成了良好的互补关系。专职教师选素质,少而精,兼职教师选特色,多而广。而且兼职教师针对性强,聘用灵活方便,不像引进专职教师那样要求全面,对学校编制和费用的负担都相对较轻,这是职业院校培养应用型人才的最佳选择。从“双师型”教师的结构看,兼职教师的比例应高于专职教师,职业院校要积极与企业、行业建立良好的合作关系,建立兼职教师队伍人才资源库,广泛吸纳各行各业的优秀人才入库,聘请有实践经验的企业技术骨干或行业专家来校担任兼职教师,指导教师和学生的实验实训,帮助校内教师了解行业发展动态,提高实践能力,促进科研成果转化和教师向“双师型”转化。

(三)坚持资质与能力并重,以能力为主

“双师型”教师是职业院校转型发展和培养应用型人才的需要,应当突出其实践动手能力的要求,保证“双师型”教师的实践能力,关键是把好“双师型”教师认定这个关口,以认定促提高。首先,要强调相应的资质,企业和行业的相关资质证书表明其拥有者接受过相应的理论教育,掌握了相关的专业知识。没有资质证书为依据,“双师型”教师的认定工作就会陷入无章可循、无据可依的混乱状态,同时对这类资质证书应当进行严格审核,但凡不是由政府授权的机构颁发的证书应当视作无效证书,不予认可。其次,要强调行业的职业背景,就是有相应的实际工作经历,这种经历应当有三个方面的要求。一是时间的要求。就是近五年内在相关的企业或行业里累计工作时间不少于两年，实际工作经历的时间隔得太久其专业知识和技能有可能过时，在企业行业工作的时间太短，则无法获得相应的专业技能，更培养不出相关的职业素养。二是岗位的要求。原则上应当是证岗相符，在企业行业里的工作岗位应当与资质证书相对应，是管理类的应当有管理岗位的工作经历而不是专业技术岗位的工作经历，相反，如果资质证书是专技类的则应当有在企业一线从事本专业相关的专业技术工作的经历。三是成果的要求。在"双师型"教师认定过程中，应当适度参考其在企业行业工作期间的业绩和成果，成果突出的应当优先认定。在近五年主持并完成两项市级及以上应用技术研究，成果已被企业或行业采用并达到同行业先进水平的，可适当放宽在企业行业的累计工作年限，甚至不需要相关的资质证书。在"双师型"教师认定时，资质证书应当与所从事的企业行业的经历相一致，不能笼而统之地只看其有无一线工作经历而不看是否匹配，以保证"双师型"教师队伍的质量。

（四）坚持合作与共享并重，以共享为主

职业院校的"双师型"教师队伍建设不可能在校园内完成，必须与企业、行业和政府建立广泛的合作共享关系，借助校外资源和平台实现自身的目标。首先，是加强合作。职业院校与地方合作培养"双师型"教师大致有四种方式：一是与企业行业建立合作教育基地，形成产学互动关系，基地既是学校教师实习实践的平台，也是企业员工专业理论和技能培训的场所。二是与企业行业建立合作机制，由政府部门牵头，建立双方稳固顺畅的合作关系，并督促相关协定协议的执行。三是与企业行业合作开发课程，充分利用企业行业的市场、技术和人力资源优势对接地方产业发展开设新课程，筹建新专业。四是与企业行业开展课题合作，从当地经济社会发展过程中遇到的技术难题和瓶颈问题中生成科研课题，"发挥职业院校的优势，整合各相关企业的力量，开展重大技术创新研究，以重点技术的突破引领学科专业的创新与升级"。[①] 这四种方式对"双师型"教师的培养具有重要意义。其次，是坚持共享。共享不仅是国家层面的发展理念，也是促进学校与企业、行业和政府机构合作，加快"双师型"教师队伍建设的保证。共享主要表现在三个方面：

① 郑山明．地方本科院校教师队伍建设研究[M]．北京：光明日报出版社，2018.

一是技术共享。除专利技术外,学校和企业行业都应当彼此分享对方的学术和技术,学校教师要运用自己的专业知识帮助企业解决技术难题,企业也应当把先进的生产工艺和核心技术展示给教师。二是设施共享。学校对企业行业开放科技平台资源,包括实验室和各种实验、分析、检测仪器设备,企业和行业也应该向高校教师开放机器设备和操作流程,以提高教师实践能力。三是成果共享。学校和地方政府要不断完善科技成果的转化机制,不断提升企业的产品质量和经济效益;企业也应主动向学校教师通报技术攻关和工艺创新的成果,以丰富教师的知识储备和实践技能。良好的校企、校行、校政合作关系,是职业院校培养“双师型”教师的最重要的基础。

第五章 新形势下职业院校学生工作管理

自改革开放以来，随着职业院校学生工作职能的转变和学生学习生活状态的改变，职业院校学生工作目前已经发展到教育、管理、指导和服务并重的新阶段，其领域和功能不断得到拓展，从比较重视社会性功能拓展到兼顾社会需要和学生自我发展需要；从要求学生服从国家需要拓展到要求学生把国家需要和自我发展结合起来；在微观上拓展到学生个体心理层面，把心理咨询引入学校教育环节，强化社会教育的功能等，从而形成涵盖教育、管理、服务等方面的多层次、多领域、全方位的职业院校学生工作体系。本章就对新形势下职业院校学生的学习管理、心理管理、住宿管理、日常违纪管理展开分析。

第一节　职业院校学生学习管理

一、职业院校学生的学习困境

（一）对学习方式转变的不适应

学生从中学到大学的一个显著变化是学习的依赖性减少，自主性开始形成，从别人告诉应该学什么、怎么学到自己做决定，这种学习方式的转变使一些职业院校学生很不适应。他们已习惯了在学习中依赖教师的安排和指导，突然面对大把的自主规划的时间，却不知道要做什么，只能漫无目的地在寝室里耗时间，这种生活方式让这些职业院校学生产生了无聊、焦虑的心理，甚至会以一些不当的方式来化解无聊和焦虑的心情，影响了正常的生活。产生这一现象的主要原因是职业院校学生面对新的学习方式，缺乏自主的学习规划能力，不知道在这些空闲时间里要做什么。因此，职业院校学生要学会做学习规划，合理地制定学习目标，并依据目标，制定每天的学习计划，使自己明确地知道，在自主规划的时间里，到底要做什么。

（二）对学习环境的不适应

职业院校学生本身的自尊心、好胜心和荣誉感都比较强，对自我评价一般偏高。进入职业院校后，由于学习环境和学习方式的变化，原有的突出位置无法维持下去，自尊心受到了挫伤，优越感荡然无存，如若不能正确对待，很容易由“自尊”转为“自卑”，常常由于“理想之我”与“现实之我”的矛盾，而处于苦恼不安之中，甚至对学习失去信心。

（三）对专业学习的不适应

职业院校学生的学习有一定的专业方向，是围绕着培养目标进行学习的。所以说，专业学习是职业院校学生成才的需要，是职业院校学生走向成功、实现理想的重要起点。但新生入校后,有不少学生对自己所学的专业没兴趣。甚至一上专业课就头痛,有的认为自己的兴趣、爱好都不在此,为此感到前途渺茫,导致学习动力不足。有些人因此变得消沉或厌学,学习情绪低落,学习成绩上不去。也有的属于填志愿时以能被录取为原则,进入学校后就决心改行了,学习本专业仅仅是为了混文凭。此外,还有些职业院校学生对感兴趣的东西花大量的时间去兼顾,为此占用了大量学习专业课的时间,结果导致专业学习考试通不过,于是人总处在烦躁不安、怨天尤人的状态之中,结果是专业学不好,爱好也没有兼顾到,最终毁了自己。

（四）对自主择业的不适应

随着职业院校毕业生就业制度改革的不断深入,多数学生在毕业后将在国家有关政策指导下,通过人才市场自主择业。在应聘中,学生的学习状况、专业需求状况和个人素质是决定能否找到满意职业的关键所在,因此专业对口,企业急需,个人素质好,实际工作能力强的毕业生普遍受到用人单位的欢迎,反之,用人单位则不愿意接收,这种双向选择的竞争态势,直接影响着在校学生,并给部分学生造成心理压力。在竞争中成才,已成为职业院校学生的普遍心理,这本是市场经济的必然要求,但有的同学在竞争的学习氛围中,却表现出一种畏惧心理。另外,比较容易的专业,学生的学习积极性就高,反之,冷门专业,择业比较困难的专业,学生的学习积极性就低。由于专业不同而产生的就业差别,也直接影响着在校学生的学习,这主要表现为择业生学习积极性低落,专业能力不突出,并伴有焦虑和无奈的心理,这些专业的学生补考率往往高于其他专业的学生,有的学生甚至留级、退学。

二、职业院校学生学习管理的策略

（一）树立正确的学习态度

要想学习好,首先得有个端正的学习态度。俗话说,态度决定一切,学习态度是指学生对学习的看法和情感以及决定自己行动倾向的心理态度。由此可以看出,学习态度是由对学习的看法、情感以及行为倾向三个因素决定的,其中情感因素起着决定性的作用。

（二）确立明确的奋斗目标

目标明确性是人的意志特征之一，是指一个人能控制行为，使之服从于自己稳定的人生目标。这一目标能指导人的一切行动，使人有决心、有计划、有能力为实现这一目标而奋斗。跨入学校之后就应该给自己确立新的理想和目标，使学习的目的性更强，从而强化学习动机。这种新目标要结合自己的实际情况和职业院校的学习规律来确立，还应该注意长期目标和短期计划的有机结合。

（三）做好自我调节

职业院校的生活对每一位新生来说，无疑是一次很大的变化。这就要求职业院校学生能尽快调整自己、寻找自己在新的职业院校生活中的最佳位置。具体来说应做到以下几个方面。

第一，要平定情绪，不要被一时的不适应吓倒。“角色转换”在人的一生中会经常出现，其间，所出现的不适应到适应是很正常的。

第二，尽快从高考后的懈怠、成功的陶醉和入学的新奇中摆脱出来，使自己及早进入角色中去。

第三，努力去摸索和掌握大学学习的特点和规律，做学习的主人。

（四）增强学习动力

增强学习动力，从外部的环境而言，需要一种重视教育、重视知识、尊重人才的良好社会氛围和学校浓厚的学习、学术风气。但这有赖于社会的发展、教育改革的深化，并不是一朝一夕就可以达到的。因此，增强学习动力更需要自身的调节能力。

（五）增强自信心

职业院校学生一定要有充分的认识，一定要认识到一些现实问题，在认识到问题之后学会慢慢适应，通过不断学习新知识、积极参加课外活动等提高自身的能力，从而培养自己的自信心。

（六）养成健康的学习心理

学习心理既包括由注意、观察、记忆、思维、想象等构成的智力因素，也包括由兴趣、动机、意志等构成的非智力因素。健康的学习心理是培养良好学习习惯的基础，也是职业院校学生顺利完成学业成为高素质、合格人才的保证。

(七)培养学习的兴趣

兴趣，指的是人对事物的特殊认识倾向，即对某种事物带有主动的、稳定的、持久的认识指向性，可以说，兴趣是情感的凝聚。一个人如果对一件事有兴趣，就会深入持久地去做，以达到预想的目的，兴趣是重要的心理动力之一，推动人们的实践和创造活动。例如，许许多多的科学家，就是在兴趣的引导下，尽其毕生心血去为人类科学文化的进步而奋斗。

从无趣到志趣的发展是有一个过程的。加之主、客观多种因素的影响，这就对兴趣的培养提出了一个要求：具有坚强的意志品质。只有这样，才能克服种种困难调动自身的积极性，顺利地完成学业。

学习是一项长期的、需要职业院校学生付出大量的劳动，但是，这样的劳动是有乐趣的，而且是高层次的乐趣。相对于吃饱、喝足、穿好、住好等低层次的满足而言，学习的满足是更高层次的要求，即充分发展自己的能力、实现个人价值的要求。在学习的过程中，体验到自己的知识不断积累，能力逐渐提高，智力充分发展，人生目的逐渐实现，都可以带来高层次的乐趣与满足。只有在学习活动中去体验这些乐趣，以学习为乐，而不是以学习为苦，才能够培养学习的兴趣，主动学习，而不是迫于学校、老师或者家长的压力学习。

(八)培养应试能力

第一，正确对待考试。职业院校学生应该以平和的心态来对待考试，要认识到，考试是衡量自己学习好坏的一个重要标志，但不是唯一的标志，考试只是学校教育中的一个重要环节，一次考试的分数并不能完全反映一个人的真实水平，更不能反映一个人的真实能力。对待考试，应不为分数所累，轻装上阵，沉着冷静。

第二，养成良好的学习习惯。学习是持之以恒的工作。所谓冰冻三尺，非一日之寒，要达到学习的真正目的，平时就要注意养成良好的习惯，只有这样，应试时才能艺高人胆大，不会自乱阵脚。

第三，提高应试技巧。对于考试，职业院校学生应该做好考前的准备，系统地整理一学期所学的内容，使所学的内容可以形成一个体系，然后再进行复习。复习的时候要列一个时间表，合理分配每门课程的复习时间,临考的前一天晚上再进行最后一次强化,以保证考试可以取得好的成绩。要合理安排作息时间,作息时间一定要安排好,避免大脑过度疲劳,影响水平的发挥,临考的前一天一定要有充足的休息时间,保证头脑清醒、精力充沛。要正确应对“怯场”,考试时先做有把握或比较简单的题目,这样可以缓解紧张心情、消除紧张情绪,还可以增强自信心,如果考试中出现“怯场”情况,强烈焦虑、紧张、思维混乱或一片空白,手脚发颤,头昏脑涨,此时,应立即停止答卷,伏在桌上休息片刻。同时,想一件高兴的事,转移注意力使大脑兴奋起来,缓和紧张情绪,或反复自我暗示:“我很轻松。”并适当地舒展身体,或闭眼、放松、做几次深呼吸,使情绪趋于镇定后再答题。

第二节　职业院校学生心理管理

一、职业院校学生的心理问题

(一)心理卫生问题

职业院校学生在心理卫生方面出现的问题有比较集中的领域,主要表现在以下方面。

1. 环境适应不良

环境适应不良方面的问题主要集中在新生时期。这是由于新生入学后,首先是环境发生了变化。许多学生第一次远离家门,在陌生的地区、新的学校、生疏的班集体中生活,所有这些变化都可能给他们带来不同程度的适应问题。其次是学习条件和方法的变化,由于职业院校的学习内容、特点、方法都与中学有较大的差异,而许多学生习惯于中学的学习方法,结果造成学习成绩滑坡,疲于应付,进而感到学习压力过大。特别是有些学生入学前是中学里的学习尖子,自我感觉良好,但在集中了各地学习优等生的新群体中,周围高手如林,这种优越感丧失,如果学习成绩再出现较大波动,很容易引起自信心降低并产生自责及失落感,陷入苦恼之中。

2. 与学习有关的心理问题

这主要表现在考试焦虑、学习缺乏动力、专业不满意、学习压力过大等方面。有些学生常常为自己成绩不佳而担忧，担心不能顺利毕业；有些学生感到学习竞争压力大，导致心理紧张、焦虑、头痛、失眠、注意力和记忆力下降、学习效率低下；有些为专业不理想而烦恼；有些则出现学习无兴趣、无动力、无目标，得过且过混日子的心态。这些发生在学习上的一系列心理问题直接导致学生的学习困难，抑制了学生潜能的开发，造成了部分学生的留级甚至休、退学等后果。

3. 人际交往问题

良好的人际关系是个体心理正常发展，顺利适应社会的重要条件之一。在职业院校阶段，个体独立地步入准社会群体的交际圈，学生尝试人际交往，发展这方面的能力，为将来走入成人社会做准备。在交往中，不少学生出现交往障碍，如沟通不良、人际冲突、社交恐惧、孤独、缺乏社交技能等心理问题。

4. 与恋爱和性有关的心理问题

由于处于青春期，职业院校学生对恋爱及两性问题比较关注和敏感，这方面引发的心理问题较中学时期大为增加。例如，有的女生刚入学就受到高年级男生或同班男生的约会邀请，不知如何应付而陷入苦恼；有的为了填补精神和理想的空虚而在异性交往中寻求慰藉；有的学生看到同伴交朋友而自惭形秽；有的因失恋而沮丧萎靡不振；有的因单相思或多角恋爱而难以自拔等。除了恋爱引发的各种心理困惑外，还有部分学生因各种原因而导致性心理方面的问题，例如，有的因手淫而背上沉重的精神负担，有的沉溺于性幻想，有个别学生甚至出现性变态行为，与恋爱和性心理有关的问题，是职业院校在心理卫生方面应该重视的一个领域。

5. 与择业有关的心理问题

这是随着职业院校毕业分配制度改革，原有的计划经济体制下的国家统包向市场经济体制下的自主择业转换以后，引发出新的心理问题。不少应届毕业生对这种新的分配体制不适应，出现种种困惑和苦恼。如有的学生面对人才市场五花八门的招聘无所适从；有的学生缺乏择业的主动性，对择业中的消极社会现象或逃避或愤激，有时产生过激反应；有的学生对面试缺乏自信，不善于自我推荐等。这些问题在毕业年级中比较突出。

6. 与自我、人格等有关的发展和适应问题。

在学生的自我发展中，他们对理想的追求，对自尊、自强的强烈渴望，对自身人格发展的高度关注，是推动学生走向心理成熟的内在动力。由于各种因素的影响，学生在自我意识和人格发展中会遇到各种各样的困扰，如过分追求完美、期望值太高、非理性的认知、自我评价能力不高、人格中的各种缺陷等。这些问题如果长期得不到解决，势必会引发一系列的心理冲突，不利于学生心理的成长和发展。

（二）心理障碍问题

职业院校学生由于心理尚未成熟，自我调节和控制的能力还不强，因此，在处理学习、友谊、爱情以及个人与集体的关系等复杂问题的过程中，常常会有心理障碍的产生，但他们往往不知道心理发生了什么问题，也不知道如何去排除。还有些学生，从报刊、书本里读到一些有关心理障碍的知识介绍，硬是与自己联系起来，以致整日忧心忡忡，唯恐自己精神不正常，由此也干扰了正常的学习与生活。因此，学生要了解一些常见的心理障碍的表现形式及其形成的原因，并自觉地克服心理障碍。学生常见心理障碍主要有以下几种。

1. 情绪障碍

情绪障碍是指那些陷于某些不良情绪体验中不能自拔，或者体验的强度和持续的时间超过一般人，严重地妨碍了学习和生活的情绪反应。常见的情绪障碍表现形式如下。

（1）焦虑

焦虑是人们在社会生活环境中对于可能造成心理冲突或挫折的某种事物或情境进行反应时的一种不愉快的情绪体验，即预感到一些可怕的、可能会造成危险或需要付出努力的事物和情境将要来临，而又对此感到无法采取有效的措施给以预防和解决。此时心理上产生紧张的期待情绪，表现出不明原因的忧虑和不安。焦虑的表现特点是心情终日烦躁不安，惶然不知所措。焦虑情绪突出表现在焦虑性神经症（焦虑症）中。一是精神性的焦虑，表现为无明确对象、无明显原因的提心吊胆，紧张不安，烦躁、易激怒；经常处于警觉状态，注意力不能集中，记忆力下降等。二是躯体性焦虑，如肌肉紧张、颤抖、坐立不安、来回走动、经常变换姿势，另外还伴有心跳加快、胸闷、心慌、手脚冰凉、出汗等。

（2）自卑

自卑是指一个人由于生理或某些心理缺陷或某种实际效果不如别人而产生的对自我认识的态度体验，表现为对自己的能力或品质评价过低，轻视自己或看不起自己，担心失去他人尊重的心理状态。自卑心理常见的表现如下：第一，自我评价过低。如对自己的身高、外貌、智力等方面不满意，觉得不如别人，从而表现出悲观、忧郁的情绪。第二，把自己由于某一方面的原因造成的自卑情绪泛化到其他方面，觉得一切不如人，常常自惭形秽。第三，对自己的不足和别人对此的评价很敏感，常把别人与此无关的言行看成对自己的轻视。由于担心自己的不足和缺陷被人知道，常常给以掩饰或否认，有时表现出较强的虚荣心和外在的自负。第四，有自卑心理的学生怕与人交往，往往采取回避的态度，把自己封闭起来，以避免别人看出自己的不足，或避免脆弱的自尊心受到伤害，其结果使自己变得沉默寡言，胆怯、畏惧、内心充满孤独感，时间一长容易形成孤僻的性格。

（3）抑郁

抑郁是一种过度忧愁和伤感的情绪体验，抑郁的一般表现是情绪消沉，心境悲观等。抑郁情绪突出表现于抑郁症中，其情绪表现为持久而强烈的悲伤，觉得心情压抑、苦闷和沮丧，并伴有焦虑、烦躁以及易激动；自感自己没有价值，生活没有意义，对未来充满悲观，食欲下降，疲乏无力，无精打采，失眠早醒；对学习不感兴趣，自感思维迟钝、脑子变笨，从而学习能力下降，为学习和友谊的不成功而孤寂、自卑，对社会上的不正之风自感无能为力而悲观厌世，对人对事麻木不仁。

2. 异性交往障碍

在学生学习生活里，男女同学正常的交往有利于学生正确地认识自我、认识异性以及消除对异性的神秘感，有利于提高交际水平，改善或消除性压抑，增强性心理健康。职业院校生活中同龄异性交往的机会明显增加，同时，由于学生正处在性发育、性意识逐渐增强的年龄阶段，因此，与异性交往的愿望也就更强烈。很多人尽管希望与异性交往，但不知该如何交往，由于缺乏一般的交际能力，在和异性交往时，会过分局促不安，目光紧张，面红耳赤，心跳加快，甚至说话不得体。还有些学生由于和异性交往少等原因，从而不能正确对待异性间的正常交往，产生一些不正常的心理反应，如和异性接触时举止异样，想入非非，或把异性间的正常交往误认为对方对自己爱慕的流露，产生一厢情愿的“单相思”。单相思是有害无益的，它会使人精神萎靡不振，注意力分散，记忆力减弱，思维迟钝，学习效率下降。还有些“痴情”者经受不住单相思的痛苦而发展到精神异常，成为精神病患者。

3. 神经衰弱

神经衰弱是职业院校学生中较为常见的一种心理症，主要表现为大脑功能衰弱。工作和学习用脑均可引起兴奋，回忆与联想增多，控制不住；精神疲乏，脑力迟钝，注意力难以集中，记忆困难，工作和学习不能持久，效率减低；易烦恼，易激动；出现紧张性头痛及紧张性肌肉疼痛；入睡困难，多梦、易醒，醒后不解乏等。此外，常见的还有植物神经系统功能失调，如心慌多汗、面部潮红或苍白、手足发冷等；其他还有消化系统、泌尿生殖系统的症状，如食欲不振、消化不良、便秘、腹胀、尿频、月经紊乱等症状。

二、职业院校学生心理健康管理

（一）恋爱心理问题及其管理

1. 职业院校学生常见的恋爱心理问题

职业院校学生恋爱中常见的心理问题与障碍主要有以下几种。

（1）自卑

在学生的恋爱中，这是常见的心理障碍之一。例如，有的男女学生本来很有主见，对生活、学习、人际交往中的一些问题，都有自己的见解。可当他们与其恋爱对象在一起时，常常不是有话说不出，就是唯唯诺诺地同意自己原来不赞同的观点。有的为了得到自己倾心的恋人而一味曲意逢迎，有的唯恐失去恋人因而处处小心谨慎。有的学生由于自卑感过强，在恋爱问题上不敢涉足，恐怕自己的自尊心受到伤害而一味回避恋爱，从而错过良好的恋爱机会，造成内心压抑、焦虑以至终生悔恨。还有一些人一旦受到伤害，往往采取自我封闭，不再与他人交往的方式，以逃避现实。

（2）羞怯

羞怯也叫害羞，是指在与他人接触和交往的过程中，出现的羞涩胆怯、过于拘谨尴尬、态度不自然的心理和表情。其实，恋爱过程中的羞怯之心，人皆有之，只是程度不同而已，适度的羞怯，不仅有助于二者之间在生理和心理上保持一定距离，避免情感的冲动，而且也为爱情蒙上一层美丽而神秘的面纱，给人带来谦虚、稳重、诚实、有涵养等好感，使爱情更加纯洁与含蓄，有助于恋爱关系的健康发展。但过分严重的羞怯则是一种心理障碍。

（3）逆反

逆反心理是一种抵触、不顺从的心理状态。它是指在某种条件下产生的一种与正常情况不同的逆向反应和强烈的抵触情绪，并导致当事人负向要求和行为的心理活动倾向。在现实生活中，逆反心理随处可见。例如，越是硬性要求人们去做的事，人们就越反对或越反感。职业院校学生恋爱中，逆反心理也不少见。

（4）嫉妒

嫉妒心理是恋爱中的男女较为常见的一种心理现象，它总是与爱情相伴随，是爱情排他性的一种心理反应。男女之间一旦确立恋爱关系，都会自然要求彼此对爱情忠贞专一，绝不允许第三者插入或者其中一人同时涉足第三者。因而有人说，嫉妒是爱情的组成部分，是体现爱欲强烈程度的尺度，是爱情炽热和专一的表现，对爱情具有积极的促进和深化作用。但是嫉妒心过强，则不利于爱情的发展，甚至能毁灭爱情。

（5）猜疑

猜疑是指在缺乏充分了解的情况下，一方对另一方毫无根据地不信任和怀疑。在职业院校学生恋爱中，猜疑心理也是常见的心理障碍之一。它往往会给恋爱者双方带来不必要的痛苦和烦恼，导致周围人际关系紧张，伤害他人感情，自己也会陷入苦闷、惶惑等不良心境中。它是导致恋爱失败的重要原因。

（6）挫折

挫折是指个人从事有目的的活动时，遇到干扰或障碍，致使动机不能获得满足时的情感状态。职业院校学生恋爱中心理挫折主要有单相思、失恋以及陷入感情纠葛等。

2. 职业院校学生健康恋爱心理的培养

(1)区别友情与爱情

异性学生间的友情与爱情,有时会交织在一起,犹如孪生的姐妹、色彩各异的并蒂花那样,很难辨别清楚。但是,它们之间既有相似之处,又有不同之点。总的来看,异性青年的友情是爱情的最初表现形式,但是,友情并不等于爱情,爱情是友情发展的一种结果,而异性友情并不必然发展为爱情,爱情是友情的延伸和继续,而不是友情的结果,获得爱情的人同时会享受到友情的芬芳,而获得友谊的人则并不都能体验到爱情的那种韵味。

爱情是一种专一的感情,具有封闭性、排他性,而友情则产生在普遍的人际关系中,是开放、广泛和可以传递的。爱情则具有“隐秘性”,不愿在众目睽睽之下谈恋爱,把自己爱情的言行公开在他人面前,但友情则是公开的。友情与爱情的不同还表现在交往不同:友谊最重要的交往是彼此的相互了解,而爱情是依靠感情而对对方的美化,这往往很难像分析好朋友一样分析爱人的优缺点。地位不同:朋友之间立场相同,地位平等,既有人格的共鸣,亦有剧烈的冲突,而爱情则有一体感,两者不是互相碰击,而是互相融合。变化不同:友谊可能是暂时的,因环境的改变、工作的变迁、思想的分歧而随之发生变化。爱情则是长久的,永恒的。责任不同:友谊关系主要承担道德义务,朋友之间要做到忠诚热忱、友爱互助,要讲原则明是非,而爱情关系的双方不仅要承担道德义务,结为婚姻关系后还要承担法律义务。

职业院校生活中,友情是学生人际交往的重要方面,它为职业院校学生生活提供了和谐、理解的气氛,使朋友和同龄人的意见更易于吸收,为学生个性心理发展创造了良好的环境,同时,同学之间的友好交往会使大家感到集体的温暖,有利于解除个人的孤独感,有利于培养学生良好的心理素质。友情的存在,给了在集体中生活的同学感情上的慰藉、生活上的帮助、学习上的指导和同龄人之间的理解。因此,学生更需要友情,同时更应注意正确区别友情与爱情,认为男女之间只有爱情没有友情,或者错把友情当爱情,都不可能获得真正的友谊和爱情。只有正确地区别了友情与爱情,才能去大胆建立友谊,建设爱的桥梁,才能实现对爱情的向往和追求。

（2）纯真、自然交往

男女之间的爱情是一种纯真而美好的感情。这种纯真的爱情生活，是人类的一种高尚的精神生活。只有在这种爱情基础上发展起来的恋爱和婚姻关系，才是美满和幸福的。在恋爱过程中要做到如下几点。

①互相尊重，讲求礼貌，平等相待。恋爱双方都应是平等的，每个人都应该尊重对方的看法，尊重对方的选择和行动自由，不应以“主人”或“支配者”的地位自居。

②互相谅解、尊重人格、互相帮助。爱情的甜蜜和幸福并非只表现在相互亲昵之中，还包括在事业上的相助，学习上的互帮，生活上的互相体贴，患难之中的互相照顾。工作学习是无止境的，亲昵则应当适可而止，应主动参加一些有益的集体活动，到朋友中去，到大自然中去。

（3）践行爱情道德

自古以来，人们都赞美坚贞的爱情，真正的爱情是经得起人生道路上的种种曲折，磨难的考验，使人们在艰苦的生活和工作面前能够互相激励，增强信心和勇气，这种情感应该是强烈而持久的，绝不是一时的感情冲动，应当纯洁而又高尚。坚决反对搞三角恋爱，不管是认识上的不足还是出于其他动机，都是作弄人、伤害他人感情的行为，给别人带来的只有痛苦。总之，交友可以广泛，爱情只能专一，一心一意者高尚，心猿意马者糊涂，来者不拒者虚荣，左右逢源者轻薄，游龙戏凤者堕落。

（二）人际交往问题及其管理

1. 职业院校学生常见的人际交往问题

（1）交往需要迫切，主动精神欠缺

人际交往是人的基本需要，当代职业院校学生的交往需要更为强烈、更为迫切。职业院校学生希望广交朋友，不但想交校内朋友，而且想交社会朋友，渴望建立广泛的友谊。在交往需要的深度上，职业院校学生也希望深交朋友，交知心朋友，能够推心置腹、交流情感，相互理解、互相帮助。职业院校学生迫切的交往需要反映他们现代交往意识的强化。

（2）注重横向交往，忽视纵向交往

所谓横向交往，是指职业院校学生之间以及与其他同龄青年之间的交往，所谓纵向交往是指职业院校学生与老师、家长等长辈之间的代际交往。职业院校学生交往的一个显著特点就是注重横向交往而忽视纵向交往。

同学之间理想信念一致，兴趣爱好类同，有共同语言，加之青春期特有的不安和孤独感，他们渴望在同龄人中建立友谊，寻找“知音”，所以学生普遍发展横向交往。在横向交往中，学生能够相互砥砺，共同进步，相互学习，取长补短，相互理解，解除烦恼。

老师不仅是学生的知识传授者，而且也是学生的做人楷模，与品德高尚、知识渊博的老师结成忘年之交，学生往往可以受益终身。但是，学生不太注意与老师交往，除上课之外，其他时间很少与老师接触，有时甚至是故意回避，敬而远之。由于成人感和独立性的增强，学生对于家长主要是在生活上依靠他们帮助，思想上的交流很少，事实上，学生与长辈之间存在着“代沟”。

（3）交往内容丰富，哥们义气较重

在交往内容方面，职业院校学生参与意识强，视野开阔，兴趣非常广泛，因而他们的交往活动内容丰富，形式多样。既有“官方”组织的各种正式社团，如政治型、学术型、兴趣型、服务型的学社、协会，也有“民间”自发的多种非正式群体，如地缘型、情感型、娱乐型的无形人际网络。

从总体上看，职业院校学生交往的内容是健康的，对人际关系和个性发展都起到了积极作用，即使是非正式群体，其主流也是好的，必须予以肯定。值得注意的是，在非正式群体交往中存在“哥们义气”的庸俗化倾向。例如，见到哥儿们与人吵架，不问是非曲直，群起而攻之，为“兄弟”两肋插刀，江湖义气甚浓；更有甚者，无视学校纪律，考试联合作弊，困难之时拉兄弟一把，“团结互助”，共渡难关。职业院校学生交往十分重视感情成分，这本是其优点，但过分强调感情，甚至以感情代替理智，以哥儿们义气代替原则和纪律，便形成了他们的缺点。

2. 职业院校学生融洽人际关系的塑造

（1）树立良好的人际交往形象

一个人能否在人际交往中为别人所理解，为社会所接纳，同自身的人际交往形象有很大的关系。

①要在谈话中善于聆听。要想获得别人的欢迎，就必须学会听别人说话。与人交谈时，首先，要选择合适的话题，使双方思想、情感都可以抒发出来；其次，要相互倾听，不要随意打断对方的讲话。要知道世界

上的人欢迎一个善于听人说话的人,远胜过欢迎一个专爱述说自己意见的人。

②要诚心赞美别人的长处。社会心理学的研究表明,人们总是喜欢那些与自己的愉快经验有关的人,人人都喜欢被人诚意尊崇。正如英国大文豪萧伯纳指出的那样:“我们总是爱那些赞扬我们的人,而不爱为我们所赞扬的人。有许多天资很好,很有成功希望的人,只因为得不到有力的鼓励和赞美,竟致失败。”

③要遵守诺言,讲究信用。《论语》说:“与朋友交,言而有信。”信用是成功的伙伴,信用是无形的资本,言而无信者是不会得到别人信任的。没有把握办到的事,不如晚一点“拍胸脯”,答应人家的事则必定做成,尽力而不成者,亦如实说明。信口开河,让人家空欢喜的做法,万万不可取,否则失信于他人,他人便会对你敬而远之。

④要不卑不亢,落落大方。既不能因自己的阅历、地位或其他条件优于他人而盛气凌人,亦不为自己在事业上遇到挫折而低三下四,对上不趋炎附势,对下不趾高气扬,任何时候都表现得落落大方,热情向上,别人便乐意主动接近你。

⑤要保持往来,礼仪有度。双方接触的次数越多,越易消除隔阂,沟通情感,密切关系。

(2)确立正确的交往准则

为了克服职业院校学生交往中“哥们义气”的庸俗倾向,保证职业院校学生交往活动的健康发展,一方面,我们应该净化社会环境,消除社会不良交往风气对职业院校学生的消极影响;另一方面,我们应该对职业院校学生加强思想教育,帮助他们确立正确的交往准则。

职业院校学生的交往活动,应该建立在社会主义精神文明的基础之上,遵循社会道德规范,遵守学校的规章制度。只有这样,才能真正建立起健康的人际关系,增进相互间的友谊。否则,吃吃喝喝,交酒肉朋友,朋友犯了错误,视而不见,听而不闻,甚至包庇纵容,这样的“哥们义气”不是真正的友谊。

由于学生的哥们义气主要存在于非正式群体之中,所以,我们要重视做好非正式群体的引导工作。非正式群体是学生交往的普遍形式,它的存在具有客观必然性,是不以人的意志为转移的。但是,非正式群体发展成什么样的状态,却要决定于人的主观因素。如果一个非正式群体的成员能够遵守正确的交往准则,它将理智成分上升,哥们义气下降;

反之，则理智下降，哥们义气上升。由此可见，做好非正式群体引导工作的关键，也正在于帮助学生确立正确的交往准则。

（3）提高人际交往的能力

职业院校学生服务于社会，就要掌握和运用一定的交往艺术，并首先从自己所处的班级开始进行人际交往，真正成为班集体的一员，进而参与社会的交往，让社会接受自己。

①掌握科学的交往艺术。在复杂的人际交往当中，蕴藏着丰富的交往艺术，它的内容是多方面的，包括交往的时机、场合、方式、风度、角色、语言等。这里仅谈如下几个方面。

第一，要有洒脱的交往风度。所谓交往风度，就是人在交往活动中一切言行举止概括的总称，是个体心理素质和气质修养的外部体现。

第二，要讲究语言艺术。语言是人类进行思维和交际的工具。交往双方通过语言开启对方心灵的门扉，或传递社会生活信息，或提出批评与建议。一个人的语言表达能力对他的社会交往顺利与否具有很大影响。只有丰富自己的语言“仓库”，不断提高驾驭语言的艺术，才容易获得成功。掌握语言艺术有如下基本要求：说话要因人而异。根据交往对象的性别、年龄、职业、生活阅历、社会地位等不同情况采用不同的语言和口吻。如与知心朋友可以开门见山，推心置腹；与生人交谈要讲究分寸；与异性交谈要文雅得体等。谈话要看场合，不同的场合要求人们交谈的内容和方式有所不同，如待客要热情，做客要注意礼仪。要时刻注意语言的表达技巧，其基本要求是叙事有条理、层次清楚、富有逻辑性；表达生动，有声有色，具有形象性；情真意切，平易近人，具有感染性；穿插事例，比喻新颖，具有趣味性；吐字清晰，表达贴切，具有准确性；回味无穷，循循善诱，具有启发性。不说与主题无关的废话、大话、套话和假话。还应善于运用礼貌语言，如“您好”“请”“对不起”等语言，既能拉近双方距离，又能反映出一个人的思想修养水平。

第三，要有适当的交往尺度。人生交往的适度包括向度、广度、深度和频度。向度，是关于交往方向性的量度；广度，是关于交往范围的量度，包括交往人数的多少；深度，是关于交往情感状态的量度，即交往双方相互介入对方内心世界的深浅，交往中所涉及的事物的重要程度及人际关系的层次类型等；频度，是关于交往次数的量度，即指交往双方在一定时间内平均交往次数的多少。在交往的向度、广度、深度和频度上，要掌握适度的原则。适度的含义包括两个方面：一方面，要处理好与不同交往对象之间的关系等,在深度和频度上既允许有不同,但又要避免使人产生厚此薄彼的感觉。另一方面,要处理好交往活动与其他学习、工作、事业等的关系,二者要兼顾、互相促进,而不能互相影响干扰。

综上所述,人生交往中包含着许多科学与艺术,只有不断地探索和实践,才能真正地把握住人际交往中的艺术方法。

②真正成为班集体的一员。职业院校学生入校后组成的第一个大家庭就是班级,他们从这个集体中汲取力量和得到友爱,展开一段难忘的职业院校生活。首先,班集体可以培养学生的集体主义思想;其次,班集体是影响学生学习进步的一个重要因素。要使班集体真正成为学生的家,首先要求大家处理好个人与集体的关系。

第一,班集体内的人际关系。一般地,班集体内的人际关系有三种:一是互相选择的交友关系;二是互相排斥的矛盾关系;三是既无选择又无排斥的一般关系。一个良好的班集体应表现出交友关系多、矛盾关系少。

第二,真正成为班集体的一员。每位学生都希望自己所处的集体是友好、充满温暖的。然而,同班、同寝室同学之间会常有矛盾发生。有矛盾并不意味着不团结,但如何解决这些矛盾,则可以看出这个集体的力量。这里的关键是个人要使自己真正成为班集体的一员。

第三节　职业院校学生住宿管理

一、职业院校学生公寓的常规运行机制

职业院校学生公寓管理运行是一项复杂的系统工程。在职业院校学生公寓管理运行方面,我国职业院校主要以学校与社会共同管理、校方统一管理为主。

(一)学校与社会共同管理

由学校和社会共同管理学生公寓是目前大多数职业院校采用的做法,比如学生公寓管理委员会管理模式,即组建学生公寓管理委员会,

由分管学生工作的校领导任主任,下设公寓管理办公室,负责学生在公寓的思想教育和管理工作,办公室挂靠学生处。社会进入学校为学生公寓的物业管理提供后勤服务,其工作接受学生处检查和考核。该模式体现了分工与合作的关系,有利于发挥职能部门专业特长,但配合和协调容易成为薄弱环节。

(二)校方统一管理

传统的学生公寓一直沿用的是校方统一管理的方式,在后勤社会化管理过程中,这种管理的模式日渐减少并最终消失。但在职业院校后勤从学校剥离的过渡时期,学生公寓还有相当一部分实质上实行的仍是校方统一管理。如公寓管理服务中心模式是校方统一管理模式中具有代表性的一种,即成立隶属于学校后勤服务公司的学生公寓管理服务中心,全面负责学生公寓的物业管理和学生管理。一般情况下,是由学生处、总务处(校园管理处)、后勤集团、公安保卫处协调共管,分工明确,各负其责。学生处负责公寓内职业院校学生思想政治教育、职业院校学生行为养成教育、公寓学风建设、学生日常管理等主要常规性工作。总务处(校园管理处)负责寝室房间的调配使用,并作为资金主体进行规模较大的房屋维修及改造等工作。后勤集团一般负责公寓内卫生清扫、设施的基本保养维护等基础性工作。公安保卫处主要负责公寓门卫管理、公寓安全等,包括学生人身安全及财产安全,对于学生打架、斗殴等违反校规校纪、法律法规等现象也介入进行处理。如果成立公寓学生党员工作站等进行学生党员教育管理类的学生组织,组织部(组织人事部)也将介入公寓学生教育服务工作之中。

二、后勤社会化条件下的运行机制——学生社区模式

从职业教育事业的不断发展和职业院校后勤社会化改革的发展看,由连片学生公寓形成的学生社区的管理模式,且在学生社区内建立智能化管理的新型管理模式是一种较为实际的管理模式。

(一)社区化管理模式的定义

学生社区是相对于学生教学区而提出的,在活动空间上主要指学生公寓及其相关区域。学生社区是在校学生学习、休息、娱乐的重要场所,

是课堂教学以外对学生进行思想品德、组织纪律、集体主义、精神文明教育等诸方面培养的主要阵地。学校学生社区化管理是指在一定学生社区内,各类组织在学校党政组织的正确领导下,对各类资源进行有效管理,构建科学合理的育人体系,为学生在学业、思想、生活等方面提供专业服务的一系列管理活动和管理过程。

(二)社区化管理模式的组织架构

实行学生宿舍社区化管理,重在做好两个层面的工作。一是学校成立社区管理指导委员会和学生委员会。社区管理指导委员会由相关职能部门组成,主要对社区工作进行宏观的管理与决策,即对日常规范、文化建设、安全措施、服务内容等方面的规划与指导;学生委员会由学生代表组成,主要对社区工作进行监督、评估、反馈。二是学生公寓的管理组织。在学生公寓成立社区管理服务中心,下设物业管理办公室、学生事务办公室、学生发展办公室。物业管理办公室具体负责社区的物业服务,学生事务办公室具体负责学生事务管理,由公寓自治组织来组织与实施,下设学生学习中心(思想、公德)、学生活动中心、学生服务中心(勤工俭学)、学生自律中心(检查)。学生发展办公室通过建立党团组织,扩大党团组织的覆盖面,指定生活指导教师对学生的成长进行规划、指导。

第四节　职业院校学生日常违纪管理

一、职业院校学生违纪状况

职业院校在校学生违反校纪校规的行为,常被称为违纪行为。

改革开放给我国职业教育事业带来了蓬勃生机,每年都会涌现出一大批“三好学生”“三好集体”,一批又一批品学兼优的青年学生光荣地加入了中国共产党,成为中国特色社会主义事业的合格建设者。但是,在复杂的国际、国内形势的影响下,职业院校学生违纪行为时有出现。职业院校学生违纪现象一般表现为以下几个方面。

（一）旷课、迟到

在许多职业院校，学生无故迟到和无故不参加教学活动的现象十分普遍。星期天不按时返校、早晨睡懒觉、平时擅自外出游玩或轻视某些课程等；有的以学生宿舍为单位，用派代表听课、回去后抄笔记、传达提要等办法集体旷课；部分职业院校旷课现象从政治课、形势教育课和政治学习向基础课、理论课和专业课发展，由文科向理工科发展，由高年级向低年级发展。

（二）考试作弊

考试作弊一直是比较突出的学风问题。近年来，各级领导和职业院校虽然多次采取措施，加强考场管理和教育整顿，但作弊现象仍屡禁不止，成为职业院校校风校纪建设的突出问题。职业院校学生中的考试作弊现象伤害了大多数学生的学习积极性，严重败坏了校风。一经发现应严肃处理。

（三）打架、酗酒

随着学校规模扩大、社会化程度提高，职业院校学生人数不断增加，社会闲杂人员、外包工、农民工等进校，使校园情况变得复杂起来，学生中的纠纷、冲突、打架事件时常发生。学生打架，常常因酗酒、跳舞、就餐插队或一般生活琐事而引起。近几年来还出现了学生与社会闲杂人员、与个别青年教师的打架事件，职业院校学生打架事件的影响恶劣，处置不当还会引起群体非理性行为。因此，必须把打架事件消化在事发之前，一旦事发又必须谨慎处理，严肃对待。

（四）行为失检

职业院校学生谈恋爱已比较普遍，在有的学生中，没有对象被认为"缺乏吸引力"，是"无能"的表现，有的学生因缺乏正确恋爱观，交往中行为失检。因此，要从新生入学开始，就抓紧进行青春期教育、正确婚恋观教育和正常人际交往的教育和指导。

有些职业院校成立了校风校纪整顿办公室，制定和完善了各项规章制度，开展管理育人、教书育人、服务育人活动，严肃处理违纪案例，使职业院校校风状况有所好转。但是，良好校风的培养、确立和职业院校学生良好行为习惯的养成需要全校重视和全体学生、工作人员长期不懈的共同努力。

二、职业院校学生日常违纪处理

（一）职业院校学生违纪处理的依据

对违反校纪校规，情节严重，又产生一定后果的要给予相应的纪律处分。

根据国家教委的有关规定，违纪处分一般分警告、严重警告、记过、留校察看、勒令退学、开除学籍等6种。有的职业院校根据自身特点，在行政处分前还增设了“口头警告”“通报批评”“风纪警告”等警示性处分。

（二）职业院校学生违纪处理的原则

正确处理职业院校学生违纪，可以收到两种积极的效应，即“教育效应”和“警戒效应”，使多数人受到教育，使不良行为得到收敛，这是我们进行违纪处理的基本目的。相反，对违纪行为处理不当，就会使“处分”失去教育性和警戒性。因此，对职业院校学生违纪行为的处理要注意以下原则：第一，调查研究，事实清楚。违纪事件发生后，学生工作者应立即深入现场，接触有关人员，进行事件起因、过程和后果的调查取证工作，同时，也要认真听取本人的陈述，掌握客观、翔实的第一手材料。第二，严肃批评，热情帮助。对违纪行为应该进行严肃的批评教育，坚持认定准确、处分适当的原则。认定准确包括对违纪事实的认定、对违纪性质的认定、对违纪原因的认定，还要认真听取群众的意见。处分适当是要求根据违纪行为的程度和后果的严重性确定相应的处分级别。

（三）职业院校学生违纪处理应注意的几个问题

职业院校学生违纪处理一般会受到三个方面的影响：第一是违纪主体的复杂性，由于当代职业院校学生生理、心理特点，违纪行为的发生、发展和原因是十分复杂的。第二是受工作人员自身的思想、业务素质的影响。第三是受违纪事件发生与处理的背景影响。为了最大限度地克服正确处理违纪中的不利因素，对违纪行为的处理，必须分清几种违纪动机，把因生理、心理异常违纪和因道德品质问题违纪相区别。在违纪行为教育、矫正中，因生理、心理异常而违纪的以生理、心理治疗为主，因道德品质问题而违纪的则需以加强思想教育和道德教育为主。

第六章 新形势下职业院校教育科研管理

当前，在职业院校科研管理方面，存在着诸多问题，一个普遍的现状，就是职业院校科研水平不高，科研成果不多、不精，这与职业院校教师的学历及知识结构是极不相称的。产生这种现象的一个重要原因就是科研意识不强、科研积极性不高、科研方法匮乏，归根结底还是科研激励的问题，广大教师的科研积极性没有被充分调动起来，从事一定科研的教师也是被动地跟着职称评定标准的指挥棒在转，甚至在极大一部分学校中仍然存在着“贵族科研”的认识与现实。因此，在新形势下，职业院校应该基于做大做强的要求，从教学与科研的关系，以及职业院校内涵建设的要求着眼，构建合理的科研激励机制，充分调动广大教师的科研积极性，提高教学与科研水平。本章就来研究和探讨新形势下职业院校教育科研管理的相关内容。

第一节　科研在职业院校中的地位

一、科学研究的内涵

(一)科学研究的一般特性

1. 科学研究是一种特殊的劳动——知识生产

科学劳动是现代社会劳动的一个重要组成部分,而且,属于生产活动的范畴。我们知道,“生产”与其他劳动的区别主要在于:前者能为社会提供“产品”,能直接地为社会创造新的价值,而后者则不能。科学研究是具有特殊劳动能力的人(科学家、科技工作者),使用特殊的劳动工具(仪器、设备等),运用特殊的生产资料(各种信息),通过劳动力的支出,使劳动工具作用于特殊的生产对象(自然界的物质、现象),生产出新的产品或价值(科研成果),为人类创造财富。可见,科学研究是一种特殊的生产劳动——知识生产。之所以说“特殊”,除上面已经指出的几个方面以外,还有如下几点。

第一,这种生产使用的“原料”“材料”对于生产者是完全“免费”的,所以,可以说科学生产的成本是低廉的。但由于这种生产有可能完全失败,因此具有很大的风险。第二,这种生产的“产品”,任何时候、任何情况下都不会出现批量生产,每个产品都具有不同的特点、不同的内容。第三,这种生产的“产品”,在流通领域中不是等价交换的,因为,科研成果转让者不会因为将某一成果转让给别人而自己失去这一成果。第四,在这种生产的“产品”中,有部分“产品”不具备商品的性质。例如,某些基础理论成果——关于对某一自然现象的解释、某一自然规律的发现等,就显然不可能作为“商品”进行交换。

2. 知识生产的探索性和创造性

这是科学研究最根本的特性。科学研究工作的任务是探索自然界的未知部分，创立新知识、发现新事物、创造新产品。原则上，科学研究不允许重复他人的劳动，即如果某种现象已得到说明，某种规律已被发现，某件东西已经发明出来，如果其他人再去从事这些工作，就不能认为是“科学研究”了。因此，科学劳动永远是在前人知识的基础上进行十分艰巨的开拓性和创造性的劳动。

由于知识生产具有探索未知的特点，因而对这种劳动的过程和劳动的成果很难作出确切的预测。这在基础理论研究方面显得尤其突出。应用研究和发展研究，虽然是在已知的理论指导下进行的，也仍然存在不确定的因素。正确认识科学劳动的这种特点，有三个好处。第一，便于对不同类型的科学研究实行不同的管理方法。第二，有利于正确地对待科研人员的劳动，特别是当科学研究未能取得预期效果以至完全失败的时候。第三，有利于在管理中正确引导科研人员辩证地对待自己的研究计划或方案，并根据研究工作进行中出现的问题，主动地对研究计划或方案作必要的合理的修改。

3. 知识生产的信息性

知识生产即科学研究离不开科技情报资料，离开了科技情报资料，即使是世界第一流的科学家，也是无法进行科学研究的。科技情报是一种信息，所以人们称之为知识生产的信息性。每一个从事科学研究工作的人，都渴望获得其前人所做过的一切，也渴望知道现在其从事的研究领域中别人正在做着的一切，这就需要科学技术情报。在人们称为“知识爆炸”“情报爆炸”的今天，及时地准确地向科学研究人员提供科技发展的动态信息，就显得越来越重要了。所谓科学劳动的信息性，还有另一个方面的含义，即科学劳动的结果也具有信息性。爱因斯坦著名的“能量公式”的信息性是无须讨论的，应用研究和发展研究的成果也同样具有信息性，所不同的是，这两种类型的科学研究成果除具有信息性外，还具有可物化的性质。

正确认识科学劳动即知识生产的信息性，对于从事科学研究管理的人员也是十分必要的。因为只有我们充分地认识了科技信息对于科学研究的重要性，才能在管理工作中重视科学情报工作，认真抓好科学情报工作，并支持科研人员的各种学术活动、学术交流。

4. 知识生产的延续性

知识生产的延续性包括以下两个方面的内容。

（1）基础研究、应用研究和发展研究三者之间的关系具有延续性。

具体地说，就是基础研究的成果——关于自然界事物的某种规律，其形式为新的理论、新的学说、新的定律、公式、定理等——是应用研究的起点。应用研究将这些理论、学说、定律或公式作为起点，按照这些原理或原则去寻求在社会生产实际和生活实际中的应用。其成果形式一般为某种原来没有的新事物（如某种新设备、某种新仪器、某种新的化合物等）。而对于这些新的仪器、设备、化合物等如何工业化生产，即实现生产过程中的最佳工艺、最佳结构、最佳性能、最低成本、最高产量等，则是发展研究的任务。

从上述简单的分析中可以看到，从基础研究到发展研究，其过程与一系列的知识链条密切联系，一环接一环，一环套一环，并且，知识之球越来越大，越来越完整。

（2）任何一项科学研究成果的本身都具有延续性，这是显而易见的。一方面，任何一项科学研究成果都是从前人或同时代人的研究成果的基础上发展起来的，也就是前人或同时代人知识生产的延续。另一方面，任何一项研究成果也定会被他人或后人应用和发展。认识知识生产的延续性，了解和掌握它的规律，对于科学研究的管理者同样是有益的。它不但可以使我们在制定科学发展规划时，能正确地处理基础研究、应用研究和发展研究之间的比例，而且还可以使我们有可能帮助科学研究者正确地认识自己的研究成果，以进一步发扬光大。

5. 知识生产的累积性

在物质生产中，开动车床或刨床，马上就可以看到产品，即可以收到立竿见影的效果。知识生产是否也能“立竿见影”呢？不能。这是科学研究不同于物质生产的突出之处，这是由知识生产的累积性决定的。什么是知识生产的累积性呢？由于科学研究的产品是知识（有时这种知识是以新事物的形式出现的），已经解决了相应的问题，再“生产”就没有意义了。可见，知识生产的前提是继承前人和同时代人的“产品”，并且“继承”得越全面越详细越好。平时人们说的科研的第一阶段——调研阶段，即收集情报资料，了解有关动态，就是进行科学生产时所特有的具有专门性质的“继承”。

是不是只要全面地、详尽地“继承”了前人和同时代其他人的“产品”,马上就可以生产出自己的“新产品”呢?回答是不一定。如果课题较小,较容易,属于修修补补的工作,做到了上述这一步,离出“新产品”的距离就不远了。如果课题较大,且属于开创性的工作,完成上述任务则只是一场戏的“序幕”。要生产出自己的“新产品”,可能还得经过3年、5年、10年以至更长时间的艰苦奋斗。若是失败了,那就根本不存在“产品”(这里的“产品”只包括正确的东西),这就是知识生产的累积性。

可见,在评价从事科学研究的人员的工作和工作效率时,要特别注意、特别慎重,尤其是对那些从事基础理论研究的人员的工作评价,更应慎之又慎。否则,就有可能挫伤这些人员的积极性,影响工作,影响安定团结。

6. 知识生产的集体效应

现代科学技术发展的规模越来越大,发展的速度越来越快,渗透面越来越广,综合性越来越强。由于学科和专业分工越来越细,每个科学家和专家的知识面相对变窄了,往往局限于某一学科或某一专业的范围之内。然而,重大的发明、重大的突破常常是在两个或多个学科的边缘上取得的,所以,大规模的科学研究工作要依靠多学科、多专业的研究人员的大集体来完成。这就是现代科学劳动或现代知识生产所表现出来的集体性的特点,耗费巨大人力、物力和财力的大型科研项目的出现和每篇论文作者数的增长的趋势,就是这一特点的突出表现。当然,科学研究是创造性的劳动,在很大程度上带有个性,任何科学劳动之间的协作,最终都要通过个人创造性的劳动才能使科学劳动的过程得以完成。因此,加强科学劳动的集体效应,是提高科学研究工作劳动效率的重要保证。现代科学研究的一般特点除以上论及的六个方面外,还有其他一些,如对仪器设备的依赖性、知识生产的低可比性等,这里就不一一讨论了。

(二)科学研究的要素

一般来说,科学研究有六大要素:研究者、研究对象、研究手段、研究经费、科技信息和研究方法。下面我们就对这六大要素进行逐一的讨论分析。

1. 研究者

研究者，顾名思义，就是从事科学研究的人，这是六大要素中最重要、最活跃的因素，他们可以是世界第一流的科学家，也可以是第一次跨进科学研究领域的新兵。对于是科学界的宿将还是初出茅庐的新兵，不是我们兴趣的所在，我们所关心的，只是作为一个从事科学研究、并希望在这个领域中取得成就的人所应具备的条件。那么，一名研究者应该具备哪些条件呢？

其一，必须有顽强奋斗、百折不回、不达目的誓不休的战斗精神。

其二，必须思想活跃，对事物的反应灵敏度高。科学研究的最根本特征是探索、是创造，这就决定了研究者应是一个思想活跃、想象丰富、洞察力强、对事物反应灵敏度高的人。

其三，必须具有坚实的理论基础，广博的知识，并在某一学科领域有较深的造诣。只有具有坚实的理论基础的人，在分析问题和研究问题时才能“入木三分”；只有知识广博的人，才能在观察某种现象时善于由此及彼、触类旁通，产生丰富联想；只有某一学科领域有较深的学术造诣的人，才能对本学科的历史和现状比较清楚，才能善于提出问题，易于找到解决问题的方法。集三者于一身，是现代科学技术对从事科学研究的人在知识方面的要求。

其四，必须热爱科学事业，有为科学献身的精神。

其五，必须是有强烈的事业心而又不追求名利的人。缺乏事业心的人，遇到困难就会打退堂鼓，受到挫折就会唉声叹气，名利心强的人，必然斤斤计较个人得失，更经受不了失败的考验。

2. 研究对象

研究对象，是科学研究这一活动之所以产生和必要的主要前提之一，没有研究对象，就无所谓研究了。研究对象是多种多样的，大至宇宙，小至基本粒子，从自然界到人类社会，从无机物到有机物，从植物到动物，从微生物到人，从气体到液体、固体，从过去到未来，以至前人的研究成果，都可以成为科学的研究对象。然而，同一领域的科学研究，其对象基本上是一样的。例如，按学科分，物理学研究的是自然界的机械运动，化学研究的是分子的合成与分解，生物学研究的是生物的演变、成长、发育和死亡，地理学研究的是地质地貌（这里指的是自然地理学），技术科学研究的是人类的“第二自然”（把自然科学研究中所取得的成果定律、定理、学说等应用于对自然的改造），社会科学研究的则是人类社会的出现、发展和演变的规律，美术家研究的是线条和色彩，音乐家研究的是声音的和谐，建筑家研究的是材料和造型，军事家研究的是战争，社会学家关心的是社会……如果按基础研究、应用研究和发展研究划分，则：基础研究的对象一般为自然界的现象和社会现象（如热、力、声、光、电、物质结构及运动、生命等），其结果是“发现”；应用研究的对象则是与人类生存直接有关的那些领域，它的结果往往是“发明”；而发展研究的对象总是离不开具体的特定事物，而且这些事物又往往不是自然界原来就有的，一般是应用研究的结果，或是人类创造出来的，它的特点一般表现为“改进”。还应该特别指出的是，随着“大科学”“综合性学科”的出现，研究对象也出现了相应的“综合性”。例如，海洋科学的研究对象是整个海洋，它包括海底的矿产、海中的所有生物、海洋上的气候等。可见，它既不是纵向的，也不是横向的，而是立体的、三维的以至多维的。

3. 研究手段

研究手段，是在确定了研究对象之后，开始研究工作的必备条件，一般包括进行研究活动所需要的仪器、设备、药品、试剂等。在现代的情况下，房屋也应属于研究手段这一范畴，因为越来越多的科学研究活动，对房屋的温度、湿度、声响、光照、净化直至结构的要求越来越苛刻。

不同类型的科学研究，对研究手段的要求也不一样。一般来说，基础研究（除高能物理实验、宇宙天文观测之类外）不需要什么特殊的和太多的研究手段（当然也有另一个极端，即像高能物理实验、宇宙天文观测之类一样，需要的研究手段比应用研究或发展研究所需要的更复杂化、大型化和精密化）；应用研究需要的研究手段可能最多、最复杂、最特殊；发展研究需要的手段从规模和数量看，可能比应用研究还要大、还要多，但手段的种类不大可能像前者那样复杂和特殊。

4. 研究经费

没有经费就无法进行科学研究。购置仪器、设备、原料、材料等要付钱，搞调研、收集资料也离不开钱，所以，科研经费是进行科学研究的重要条件之一，这也是职业院校的科研管理者在确定学校科研项目的多少、科研规模的大小时必须认真对待的问题。

5. 科技信息

科技信息就是进行研究所需要的情报资料,这已成为关系到一项科学研究成功或失败的重要条件,对于某些类型(如竞争性很强)的项目,甚至是决定性的条件。

科技情报有“十大情报源”,主要是科技期刊、会议记录、研究报告、政府出版物、学位论文、标准产品样本、专利说明书、科技图书和其他。科技情报的交流分“正式”的和“非正式”的两种。“正式”的是指通过各级各类情报网络传递的,“非正式”的则是指科学家或科技工作者的直接对话、科学家或科技工作者的书信往来、科学家或科技工作者参观同行的实验室、科学技术展览会、交易会等。这两种形式都很重要,如果在实际工作中忽略了哪一种,都会给科学研究造成不应有的损失。

6. 研究方法

“上山千条路,共仰一月高”。但在这“千条路”中,能最省力、最安全、最快地达到“山顶”的应该只有一条。如何去寻找和发现这条“最佳路线”,这就需要“上山者”对“上山”的方法进行科学的选择。科学研究与此有很大的相似之处,目标只有一个,而达到目标的方法和途径则可能有几个、十几个乃至更多。但是,最好的、最易于达到目标的方法只能是一个。怎样才能找到这一方法呢?这就要求研究者去调查研究、去试验、去体会、去选择,一般来说,这与研究者的学术水平、工作阅历、社会经验和判断能力等有关。

研究方法,对于科学研究是十分重要的。正确的方法可以收到事半功倍的效果,可以节省大量的人力、物力和财力,可以大大地缩短研究周期。反之,方法不对或不科学,则往往带来大量的无效劳动,造成人力、物力和财力的浪费,也必然使研究周期拉长。研究方法对于大型、复杂的应用研究和发展研究尤其重要,所以,科学研究中的研究方法,是现代科学管理者和科学研究者共同的重大课题。我们把科学研究的方法也列为科学研究的六大要素之一,原因就在这里。

二、科研在职业院校的重要地位

(一)科学研究是培养新型人才的重要方法

培养人才,是我国职业院校的两大根本任务之一,职业院校培养的人才,不仅要符合今天社会的需要,更重要的是要能适应社会明天的需要。目前,职业院校中培养出来的人才情况怎样呢?即使今天在质量最高的职业院校里所进行的最好的教育,也只是适应经济和社会发展的现阶段水平,而无法适应于未来的经济和社会发展。造成这种情况的原因可能是多方面的,但最主要的不能不归结于培养人才方法的陈旧、过时。所以,改变目前这种现象的最关键、最重要的办法是:改革职业院校教育中已经落后的培养体系和方法。要使培养出来的学生(人才)既能满足社会目前的需要,又能较好地适应社会明天的要求。

在国外,有远见的教育家们已明确提出,为了培养出能适应未来社会需要的人才,在教育阶段,如果现在人们用80%的时间来传授知识,用20%的时间来获得学习方法和研究方法,这种比例一定要根本改变……这个比例应该倒过来。所以,今天的职业院校,最重要的是要教会学生"学会研究"。所以,职业院校的教学过程,要越来越立足于职业院校学生独立地接近于研究的活动。

在目前世界性的职业教育改革(或革命)中,人们之所以强调要让学生参加科学研究活动,并认为这是培养未来专家的有效途径,是因为科学研究活动可以使职业院校学生都能得到锻炼。凡是参加过科学研究工作的人都知道,无论哪一种科学研究,都必须收集有关情报资料,向有关专家学者咨询或调查等。在这一过程中需要收集哪些资料,怎样才能较快较好地获得这些资料,怎样同有关的专家学者座谈或请求他们指导,都必须进行认真考虑。资料收齐后,只有通过认真的阅读、分析、研究和综合,才能从各种信息中提炼出所需要的有用的信息。这个阶段,不但是一个自学的过程,而且是一个思考的过程、研究的过程。在进行研究方案的制定过程中,这一工作可以使学生得到综合性训练,因为它要把人、财、物、信息等,按研究工作的要求和客观实际的可能性组织成为一个包含时间序列、人员活动序列和实物信息序列的有机统一的有序的系统,显然,这不仅需要专业知识,而且需要研究、思维、组织和表达诸方面的素养。研究方案确定后到实现预定目的(成果)的过程,是方案实施的过程,在这个过程中,对专业理论、实验方案、方法、后勤供应、人事关系等诸方面的问题都可能涉及,都需要处理。怎样处理才有利于研究工作的进行,才有利于达到预定目标,无疑是对学生的专业知识学习的促进和对各种能力的训练与培养。研究工作的总结——论文的撰写或研究报告的整理,也有一个去伪存真、去粗取精、由此及彼的分析、归纳、提炼的问题,这显然也是一个培养训练研究、思维和表达能力的过程。

从上面对一项科学研究的全过程的简略讨论不难看出:科学研究可以使人们在专业知识、自学能力、研究能力、思维能力、表达能力和组织管理能力诸方面都得到培养、训练和提高,所以,科学研究是培养新型人才的重要方法。职业院校应该把科学研究方法的学习和参加科学研究活动列入职业院校学生的培养计划,并使之与必要的基础知识、基本理论的学习融为一体,成为一个有机的统一过程。

(二)坚持科学研究是职业院校完成发展科学文化任务的唯一办法

我国职业院校的另一大根本任务是发展科学技术、发展文化,不断地提高我国科学技术和文化的水平,使我国的科学技术和文化水平能早日进入世界先进国家的行列。我们知道,任何新的科学理论的提出,任何新的自然规律或社会规律的揭示,任何自然现象或社会现象的解释,或任何新技术、新工艺、新设计、新流程、新方法、新产品的问世,都只能是科学研究的结果。所以,要发展科学基础理论,就必须开展基础类的科学研究;要发展改造自然和改造社会的各种新技术(包括新工艺、新设计、新流程、新方法等),就必须开展有关的应用和发展研究。同样,要发展文化,就必须开展哲学、社会科学、人文科学和文艺理论、文艺创作等方面的研究。职业院校唯有开展科学研究,才能完成它所肩负的发展科学技术和发展文化的重大任务。

有必要特别指出的是,职业院校出人才、出成果的两大根本任务是相互促进、相互制约的,是一个有机统一过程的两个方面。职业院校在处理这两个方面的关系时,任何将其割裂开来或对立起来的观点或做法都是不符合现代职业院校中教学与科研、出人才与出成果之间的内在的客观的密切联系的,因此也是不科学、不适当的。

（三）坚持科学研究是职业院校为国民经济建设服务的重要措施

科技工作必须面向国民经济建设，这是我国整个科技工作的基本方针，职业院校是我国科技工作的一个重要方面军，其科技工作也必须为国民经济建设服务。职业院校拥有学科门类比较齐全的众多的中、高级科技人才，对于国民经济建设中的重大关键技术问题及国外引进的新技术的消化、创新问题，负有责无旁贷的责任。还有，由于我国数量众多的中、小企业技术力量薄弱，在一段时间内，职业院校也担负有帮助这些中、小企业进行技术改造和新产品开发的任务。我国经济体制改革、科技体制改革、教育体制改革中所提出的大量的理论与实际问题，职业院校都负有义不容辞进行研究的责任，而这一切问题的解决都离不开科学研究。

总之，科学研究是职业院校的一项根本任务，在职业院校占有重要的地位，具有十分重要的作用。

第二节　职业院校科研激励中存在的问题及成因

一、思想认识问题及成因

（一）对科研工作重要性的认识缺失

在职业院校，把科研工作看作为评定职称而发表几篇文章、为提升职务而积累一点资本的现象还比较普遍。至于科研提升教学质量，促进教师队伍建设，带动学校综合实力增强，推动社会科技进步等思想是第二位的，甚至是很弱的。由此导致的职业院校科研气氛不浓、风气不正、水平不高、成果不多，急功近利现象还比较严重。

（二）对教学与科研关系的认识存在偏差

职业院校的领导和教师对教学和科研的关系众说纷纭，常有几种观点。

一是教学主导观，他们认为职业院校是培养技能型人才的地方，教学是中心工作，这类学校既不具备搞科研的条件，也没必要花很多时间去搞科研。

二是教学科研并重观，他们认为教学与科研是职业学校的重要职能，是相互影响、相互依存的关系，因此，职业院校的教学与科研要同步发展，齐头并进。

三是科研主导观，他们认为职业院校应该以科研促进教学，用科研带动发展，科研水平是职业院校办学水平的标志。其实，没有科研的教学就像无源之水，教学质量难以提高；忽视教学搞科研，则偏离了职业院校的办学方向。

（三）对科研工作的信心不足

在职业院校，对科研工作的经验、能力和信心普遍缺乏。很多院校认为，由于青年教师占大多数，职称偏低，高学历偏少，科研骨干缺乏，经费投入不足，科研条件简陋，所以科研工作难度很大。

二、科研水平问题及成因

科研水平是科研成果多少、质量高低的决定因素。当前，职业院校科研水平普遍较低，这是不争的事实，主要原因如下。

（一）师资力量薄弱，科研骨干稀缺

职业院校师资队伍普遍比较年轻，学历层次不高，高级职称比例太少，有很多院校连一个正教授都没有，副教授也很少，在科研方面有自己的领域和方向、有一定造诣和影响的骨干或带头人更是稀缺。

（二）课题数量偏少，项目层次偏低

受师资、经费等因素的影响，职业院校能够申请到的课题数量非常有限，层次偏低，除学院自立课题外，主要是一些学会、协会等民间组织的课题，在教育主管部门、政府部门立项的课题以及有基金资助的项目很少。

（三）科研基础薄弱，研究水平偏低

不少教师连开展科研的基本方法、申报课题的基本程序、检索文献的基本路径、科技查新的基本步骤、学术规范的基本常识、发表文章的基本途径等都模糊不清，更不用说各类科研基金申报、专利申请、软件注册了。

三、科研管理问题及成因

（一）制度不健全

调查发现，很多职业院校科研管理制度不完善，随意性很大，只有个别院校颁发了《科研管理工作条例》《科研成果奖励办法》《课题申报与管理办法》《科研基金管理条例》《科研经费管理办法》《科研考核办法》等基本规章制度。特别是科研考核与激励制度相当乏力，很多学校没有科研发展计划和远景规划。

（二）管理水平偏低

有些职业院校科研管理机构不健全，人员配备不足，部门工作职责混杂，科学规范的管理软件缺乏。特别是管理人员的指导思想和管理水平不高，学术规范不懂，科技政策不熟。有些科研管理负责人，自己从未做过课题，从未发表过论文，从未参加过学术会议，居然还在“引领”科研工作。

（三）科研经费短缺

目前科研经费来自上级部门申报课题的不多，而来自企业横向课题占比也很少，大多数院校都是从紧张的财力中抽出微薄的资金支持或奖励科研工作。一句话，大部分职业院校的科研经费比较紧缺。

第三节　职业院校科研激励机制构建

一、职业院校激励机制的内涵

在职业院校教师队伍的建设和管理中，如何运用有效的激励手段，建立完善的激励机制，充分调动教师潜在的积极性和创造力，从而提高教师的工作绩效,使其成为职业院校持续发展的重要人才资源保障,是一个极具研究意义的重要课题。“激励”是管理心理学的一个术语,主要是指激发人的动机,使人有一股内在的动力,朝向所期望的目标前进的心理过程。哈佛大学的詹姆斯教授在对激励问题进行了专题研究后提出,如果没有激励,一个人的能力仅能发挥 20% ~ 30%,如果加以激励,则可发挥到 80% ~ 90%。①

激励机制是通过一套理性化的制度来反映激励主体与激励客体相互作用的方式,是调节组织运行,调动人的积极性的重要手段。在本书的研究中,职业院校科研激励机制就是反映职业院校管理部门与教师这对主、客体相互作用的一套理性化的制度。其内涵就是构成这套制度的几个方面的要素,包含诱导因素集合、行为导向制度、行为幅度制度、行为时空制度及行为归化制度等方面的内容。诱导因素就是用于调动教师科研积极性的各种奖酬资源;行为导向制度是学校对教师所期望的努力方向、行为方式和应遵循的价值观的规定;行为幅度制度是指对由诱导因素所激发的行为在强度方面的控制规则;行为时空制度是指奖酬制度在时间和空间方面的规定;行为归化制度是指对成员进行组织同化和对违反规范的行为或达不到要求的行为进行处罚和教育。

二、职业院校科研激励机制的构建

一套较为科学的科研管理制度与激励机制,可以从组织上、制度上给予从事科研的人员提供保证,促使全院教职员工齐心协力搞科研,形成一种人人爱科研,个个搞科研的良好氛围。

(一)丰富科研激励手段,健全精神激励机制

赫兹伯格对满足职工需要的效果提出了“激励—保健”双因素理论,认为仅仅满足职工的需要还不能排除消极因素,就如卫生保健不能直接提高健康状况,只能有预防作用那样,满足需要可以认为是消除职工不满和抵触情绪的一种“保健因素”,更应当注重“激励因素”对人的作用,只有这样,才能满足人的各层次需要。因此,职业院校不仅要有物质激

① 易东.职业院校科研激励机制构建研究[M].北京/西安:世界图书出版公司,2012.

励机制,同时还要有健全的精神激励机制。

1. 信任激励

科研工作不但要求研究者在某个特定专业拥有深厚的造诣,还要求研究者了解甚至通晓相关专业、相关领域的知识,并善于将来自两个、三个甚至更多领域的知识、技能结合起来,综合应用于具体的问题。欧阳修曾说过:"用人之术,任之必专,信之必笃,然后能尽其材,而可共成事。"相互信任是学术交流的前提条件,信任激励是科研管理的秘诀。要达到信任激励,"可共成事",就要信任教师,承认"个性"。既要充分认可、接受和尊重科研人员个体的知识、技能、文化、信仰等,还要信任他们的人品,信任他们完成任务的能力。因此,教师之间,尤其是科研人员之间相互信任、关系融洽以及具有团队精神对科研管理极其重要。

2. 沟通激励

职业院校在产学研合作过程中,要想实现其向企业输送高素质人才、提供先进科研成果的目的,必然要求注重科研管理的沟通激励。

沟通激励主要有以下两种形式。

一是选题沟通激励。目前,我国科技成果转化率不高,同时很多职业院校教师认为,科研主要是从理论上提高学术水平,而企业期盼的科研成果是能够马上生产、占领市场、提高管理水平和产生经济效益,企业所期盼的科研成果也未必是学校老师感兴趣的研究课题,从而导致一些有资金、有实力的企业,很难找到一项满意的投资项目。因此,职业院校与企业之间的沟通交流至关重要,站在服务企业的立场上,通过定期举行校企联欢会、联系会等多种形式,帮助职业院校与企业建立起紧密联系,职业院校科研课题既可以来源于生产第一线——企业的技术创新、管理创新及新产品开发项目,也可来自纵向课题或自发课题,但这些课题最好是企业感兴趣或直接为企业服务的研究项目。课题的研究形式以企业委托或联合研究为主,这有助于密切校企之间的合作,对这种科研课题,应充分考虑校企双方的共同利益,在经济效益和社会效益两个方面构成利益共同体,形成知识、能力、技术的融合。这样,企业向职业院校提供的课题数、研究经费将有明显增加,职业院校向企业界提供的研究成果、咨询人次、新生技术力量也逐渐上升。大多数科研项目选题既来自企业,又服务于企业,这有利于建立学校和企业"双赢"的产学研合作模式,科研人员(和企业员工)也有成就感和组织归属感。

二是分享激励。科研工作可以说是一个艰辛寂寞的漫长过程,分享激励能培养共同的价值观、共同的学术兴趣,并能互相鼓励,相互提携,是沟通激励的形式之一。在职业院校,科研管理者要有与教师共享荣辱、互相学习的精神。可以组织精读一本书,读一篇论文("精读"一篇相当于阅读几篇、十几篇),组织选题、开题、课题阶段性成果和结题等的学术交流会。在学术交流会上,论文(课题)作者可以畅谈自己的研究过程,让大家提出异议。"冲突"也是一种有效的沟通,思想碰撞产生的火花非常灿烂,每一个人都读过许多著作和论文,他们从各个角度来否定论文的某个部分或提出改进的建议。经过如此几轮的修改,论文(课题)自然就上了一个新台阶。

科研工作并不总是一帆风顺的,失败、再失败、屡次失败是经常的事情。进行分享激励时,挫折和教训的分享也必不可少,这有利于大家少走弯路,克服困难,共渡难关,共同进步。

值得注意的是,奖励先进科研工作者时,请他们的家属或恋人一起参与,一起上台领奖,先进科研工作者的感觉就不一样,认为学校把教师看得很重,对学校油然而生好感;而且,家属或恋人作为参与者和见证人,能更好地理解科研工作及科研工作者,会更加地关心、支持科研工作者。这样,科研工作者将不用担心家庭羁绊而会全心全力地工作。

3. 评价激励

俗话说:"当局者迷,旁观者清。"评价激励是通过对科研人员的工作过程和成果以不同程度地肯定或否定,形成落差,造成一种强化刺激,以达到提高科研人员工作积极性的目的。评价的主体是同行,没有人能够代替学术共同体内部同行之间的相互评价。

同行评价作为一种信息反馈,是科研人员认识自己,参与团队合作,处理人际关系和扩大影响力的一个重要前提条件。职业院校可以邀请外部同行专家,对一段时期的科研工作过程及成果进行评价,这体现了科研人员的一种自信,也是为了宣传,或者更应该说是一种无形的自我监督。外部评价报告会明确肯定成绩并对需要调整及改革的方向和问题点给予具体的建议。评价时既有肯定的内容,也有否定的内容。值得强调的是,褒奖是一种有效的管理方法,它比一味批评、责难、惩罚的效果好、作用大。因此,要褒贬结合,以褒为主,善于多做肯定性评价。

有关研究表明,对大多数科研人员而言,自我实现的需求是他们从事科学研究的原始动因和主要动力。因此,应加强对科研成果和科研先进人物的宣传与表彰,以强化精神激励,增强科研人员自我约束、自我管理的能力,提高科研人员的影响力和自豪感,营造一种尊重人才、健康向上和宽松互动的学术氛围。

4. 时间激励

当前,职业院校教师课时量大,其中科研人员的工作尤其紧张忙碌,惜时如金,时间是最珍贵的资源。因此,对于这些科研人员可以给予一定的自由支配的时间(如补休),借鉴发达国家的学术休假制度等,在这种可以预期的时间的激励之下,他们会在生活、工作中自我约束和自我管理,并提高工作效率。换言之,将时间作为一种奖励,获得时间的科研人员既可以用于休闲,也可以用来学习、进修和培训,以提高自己的能力和综合素质,以更佳的身体状态和精神状态投身于科研工作,取得更大的成效。

5. 培训激励

职业院校教师科研素质是职业院校“培养人才、科学研究、社会服务”等三大职能对教师提出的基本要求,同时,也是学者型、专家型教师素质的核心部分。职业院校要实现从中专(中职)到高职的跨越,其教师应当走出那种简单、低效、重复的教书匠角色,坚持教学和科研的整合统一。搞好教育科研,发展学术文化,将自己塑造成研究型专家、学者型教师。

上述几种精神激励手段互不相同,各有长短,在采用适当的物质激励的同时,为增强科研管理精神激励的实效,应以系统工程学为指导,建立和完善精神激励体系。首先,要因人制宜。职业院校要根据不同年龄、不同个性的科研人员的具体情况,充分考虑大多数人的接受能力,采取不同的精神激励手段组合。其次,要注意精神激励内容的整合。上述各种精神激励手段各有长短,但是,其内容具有互补性,在系统观念的指导下,应当优化整合,使其产生最大的效用。最后,在实施精神激励全过程中,应体现出层层递进、循序渐进的原则。

（二）加强学校核心竞争力建设，实施科研强院工程

职业院校的核心竞争力，是一所职业院校在其发展过程中长期培育和积淀而成的，与其他职院相比更具有难以被模仿和替代的一种基础性能力，通过知识管理、资源整合、管理机制所形成的独具特色的制度体系、能力体系和文化体系，能为其在教育市场竞争中带来持续竞争优势和创新发展的原动力。科技水平体现了一所职业院校的实力，也代表了学校的形象。

著名医学科学家韩启德说过，一流的大学一定要有一流的学术，没有一流的学术就难有一流的教学，难以培养出一流的创新人才。要提升职业院校的知名度和品位，提高其竞争力，科研强院是必经之路。

职业院校是知识创新的主要阵地之一，是培养适应社会发展的高级人力资源的源泉。一所职业院校的科技创新意识和能力关系到知识的产生、传播以及是否能向社会输送合格的适应社会发展需求的人才。创新是民族的灵魂，也是职业院校的生命线。职业院校的创新能力归根结底取决于师资队伍的创新意识和创新能力，科技活动是不断提高师资队伍创新能力的保证，也是学校培养和造就创新人才的手段。

科研与教学是职业教育活动中不可或缺的两大方面，因此也是学院核心竞争力建设的重要组成部分。科研水平与教学质量都是衡量职业院校办学的两大标准，二者紧密联系、互相促进。教学为科研提供需要和基础，科研又为教学质量的提高提供方向和保证。教学是科研的基础、前提、源泉，科研是教学实践的总结、升华和创新，科研的目的是为教学服务，是为了促进教学，提高教学质量。教而不研，教就会缺乏科学性，就会失之于肤浅；研而不教，研就会缺乏针对性，就会失之于空泛。

（三）加强校园文化建设，提倡与引入“文化激励”理念

以社会系统学派、系统管理学派、管理科学学派和权变理论学派为主的新管理学派的产生，使管理学中对人的研究更加深入，他们不仅吸取了前一阶段的理论精髓，而且将“社会人”的内容拓展到了“文化人”的理论范畴。

校园文化是在一个学校内部形成的、具有特色的文化观念和历史传统，是一个区域的价值标准、道德标准和文化信念，是一所学校的精神支柱。它也受到社会文化、民族文化和社会共同遵循的伦理道德的制

约，文化激励是新世纪学校持续发展的必然抉择。

在文化建设方面，海尔集团的企业文化建设有许多值得我们学习与借鉴的地方。哈佛大学教授佩恩在把海尔集团的成功经验载入哈佛商学院的管理案例时说："之所以选择海尔，是因为我看到海尔不仅学习了西方的管理经验，更重要的是结合中国国情，创造了适合中国的管理文化。海尔能意识到这一点并运用成功，让我感到是一个奇迹。"在海尔拥有创新的管理文化的同时，他们形成了一套完整的、富有生命力的激励文化和激励机制，使每一个海尔人的力量、才能和智慧都得到了充分的展示，并在个人价值得以实现的条件下，完成了企业价值观的高度整合。

海尔集团的文化激励可以概括为以下三个方面。①精神激励：产业报国——海尔的企业精神。②荣誉激励：品牌战略——海尔的经营哲学。在"要么不干，要干就要争第一"的观念引导下，造就了海尔集团独创的企业文化，形成了海尔人共同遵循的价值观。③制度激励：海尔发展定律——系统化的激励机制。

职业院校的校园文化建设要处处体现科研的元素，以科研强院作为学院精神，以"做职业教育中的佼佼者"作为品牌战略，以系统化的激励机制作为发展定律。具体做法如下。首先，领导要带头搞科研。职业院校是崇尚科学、弘扬科学之所，院领导作为学院这艘航船的领航者，要在科研方面起模范带头作用，这不仅是树立个人学术权威的要求，也是引领学院校园文化建设的发展导向所需。其次，对科研方面取得突出贡献的科研人员要大张旗鼓、不惜笔墨地宣传与表彰，院报、学报、宣传橱窗大力宣传他们所取得的科研成果，形成一种重视科研、参与科研的良好氛围。再次，从制度上保障对科研工作者的重视与重用。这不仅要体现在对成果的重奖上，还要体现在职务晋升、人格尊重等各个层面上。最后，要经常邀请专家和教授进行学术专题讲座，使广大教师充分感受到专家教授的学术魅力，有效激发他们的科研意识。

第七章 新形势下职业院校创业就业教育管理

职业技术教育发展是我国教育大众化的一个关键层面,其不仅顺应了人民大众接受教育的强烈要求,又培养了一大批社会需要的高素质技能型人才。创业是促进经济可持续发展的重要引擎,创业型经济已经成为新形势下的重要经济形态。职业教育作为具有就业教育和生存教育职能的平民化教育,在实现全民教育的层面贡献巨大。当今时代是创业就业教育的一个突破口,创业是实现一个人自我信念的开端,创业教育是一个过程,它向人们传达了一种观念与技能以识别被人们忽视了的机会,当别人犹豫不决的时候,我们能够有足够的洞察力与自信心付诸行动。本章就来分析新形势下职业院校创业教育的意义以及培养策略,进而探讨职业院校学生的职业生涯规划。

第一节　职业院校开展创业教育的必要性

一、职业院校应当成为创业教育的突破口

创业是社会发展的动力。在当前形势下，宏观就业形势非常严峻，如何加强职业院校学生创业意识和技能的培养，以创业带动就业，成为一个颇具紧迫性和时代感的命题。职业院校在产学研结合方面具有独特的优势，特别是在促进产业结构调整升级、发展新兴产业等方面具有重要作用，这为开展创业教育并探索毕业生自主创业提供了先天条件。应该看到，职业教育在本质上不单是“找饭碗教育”还是“造饭碗教育”，其明显的区域和行业特色可以为创业提供有利条件。因此，应把职业院校作为重要突破口，加强和改进创业教育。

开展创业教育是世界教育发展和改革的新趋势。联合国教科文组织从1998年开始多次强调要在教育领域加强创业教育，并提出创业教育是继毕业文凭、职业技能证书之后的“第三本护照”。世界上许多国家也都把创业教育渗透到国民教育的各个层次。

职业教育是为社会培养应用型人才的就业型教育。以市场需求为核心，以职业岗位为依据，以职业能力为本位，以服务为宗旨，以就业为导向，从职业教育的使命出发，注重学生职业能力和素质的培养，坚持按岗位标准要求设定特色鲜明的人才培养目标，构建多元化的人才培养模式。营造“想创业、敢创业、会创业”的氛围，建立健全职业介绍、创业指导、创业培训有机结合的工作机制，促进职业院校学生顺利就业和自主创业。

二、创业并不一定需要高学历

成功的道路不止一条，正所谓“条条大路通罗马”。要坚信道路无所谓好坏，关键在于是否适合自己。一般来说，学历是一个人具有一定

文化知识水平的标志，说明一个人受教育的程度。衡量一个人的阅历，往往把学历作为一个重要因素考虑。但学历只是一种标志、参考，学历不等于人才。有些人虽然学历不高，但通过自学和长期工作锻炼，逐步掌握本行业的技术和知识，并取得巨大成果。文凭是一个人学历高低的证明，但并不完全是知识深浅的凭据。

恩格斯中学没有毕业却通过自学掌握了哲学、经济学、军事学、文学多门高深知识，还自学了20多种外语，成为马克思主义的创始人之一；意大利文艺复兴时期的达·芬奇，不但没有念过大学，中学也没有念完，他通过勤奋自学，成为世界著名的画家、雕塑家、建筑师、工程师、物理学家、生物学家；世界著名的发明大王爱迪生，出身贫苦，只上过三个月的小学，12岁做过铁路上的报童，15岁在火车站当电报员；牛顿、瓦特都没有大学学历，却成为大发明家；齐白石、侯宝林也没有大学文凭，却成为我国近代著名的艺术大师。

凡此种种不胜枚举，无论你选择怎样的人生道路，当今社会创业是每个人不该回避的人生课题。而社会是一个实践的大课堂，每个人都要在这里学习生存和发展的真本领。因此，学习是一个贯穿人一生的过程，只有在学习中创业，在创业中学习，才会取得真正的进步。①

三、加强创业教育是职业教育发展的主要特点

职业教育具有培养目标的应用性、专业课程的职业性、学习过程的实践性的特点。加强对学生进行创业教育，是社会需求日益多样化的要求，职业教育要以就业为导向，就应该将自己定位于为中小企业服务。现代企业对人才知识能力素质结构有新的要求，中小企业大多是“订单化”生产方式，多规格、小批量生产，分工有很大的灵活性，一个人在一段时间内可能要从事经营、管理、技术、生产、售后服务等许多方面的工作。仅从技术角度看就可能涉及一个产品的开发、制造、操作、调试、维修等不同环节，由于中小企业所需人才工作岗位综合程度较高，同时“入世”后，市场的进一步开放，中小企业面临“超强竞争”的局面，一种产品稳定周期越来越短，产品设计日新月异，人才流动、岗位变动更加频繁，因此，对职业院校人才的知识能力结构提出了越来越高的要求。

① 詹先明．职业院校创业教育与指导[M]．合肥：合肥工业大学出版社，2009.

这种要求已由狭隘的岗位技能拓展为综合职业能力，由单一的满足上岗要求转变为适应社会发展，由一般素质发展为综合素质。

现代社会需求日益多样化：消费领域不断扩大，消费内容日益丰富多彩，消费结构越来越多元化，消费者的行为由被动变主动，消费类型由抑制型向个性化转变，居民消费的自主选择权和决策权不断增强，这一切必然使生产的多品种、小批量成为显著特点。这就势必导致新的产品和新的行业不断涌现，而在新的行业中，起初都是新开办的小企业，这种社会需求的特点不仅给职业院校毕业生创业创造了机会。随着经济发展和产业结构的调整，我国中小企业发展迅猛，已成为社会和经济发展中最具活力的组成部分。

因此，通过创业教育，使职业院校学生及早树立创业意识，学会创业方法，知晓创业艰辛，把握创业机遇，使之成为具有较强创业能力的人，从而更好地满足社会日益多样化的需求。职业院校毕业生在毕业后或工作 2 ~ 3 年后创办小企业，不但能空出社会提供的就业位置，而且还能创造新的就业岗位。

第二节　职业院校学生的职业生涯规划

一、职业生涯

“生涯”的英文是 career，来自拉丁文 carrus，意思为古代战车。后来引申为人生的发展道路，又指生活中各种事件的演进方向和历程。“生涯”的概念是广于“职业”的。我们可以将“生涯”理解为介于“生命”和“职业”之间的概念，它的外延并未大到与“生命”等同，但也未小到与“职业”等义，其内容是比较宽泛的，具有丰富的内涵与自身的特性。职业生涯是个人一生的职业道路和发展历程，纵观个体职业生涯的进程，个人的特质和经验，包括心理特质、生理特质、家庭背景、外部环境等不可预测的因素，都对个体的职业生涯产生影响。在这个进程中我们也不难发现职业生涯的特点。

（一）独特性

职业生涯是个人依据人生理想逐渐展开的一种生命历程。每个人的职业生涯都会有自己独特的发展轨迹，也许某些人在形态上有相似的地方，但其实质可能是完全不同的。

（二）阶段性

职业生涯会随着年龄和阅历的增长分为不同阶段，人在不同阶段需要完成的任务及承担的角色也有所不同。

（三）发展性

职业生涯是随着外部环境和自身条件的变化而不断发展与完善的，即是一个动态的发展历程。不同阶段随着职业生涯的目标逐步实现，人生视角也更加广阔，正所谓“登高望远”，追求的目标也会不断提升。

（四）互动性

职业生涯并不是独立的，个人的职业生涯与社会文化、政治、经济等因素息息相关，同时与自身的生活、学习、家庭等密不可分。

二、职业院校学生职业生涯规划的意义

职业生涯规划不仅能够帮助个人实现目标，还能帮助个人真正地了解自己。概括来说，职业生涯规划的意义包括以下几个方面。

（一）帮助职业院校学生树立正确的择业观念

时下就业市场上之所以会出现“公务员热”“金融热”“房地产热”等现象，很重要的原因就是很多职业院校学生没有正确的择业观念，而一味地追随大溜，或者仅仅认识到社会环境对职业发展的影响，而没有考虑到自我的身心特点和未来发展的目标。没有正确的择业观念，带来的结果往往是就业中的四处碰壁，或从事了一个不适合自己的职业，导致个性被压抑，能力被限制，生活上郁郁寡欢，事业上步履维艰。“三百六十行，行行出状元。”对于有抱负的人而言，其实大多数职业都有广阔的施展空间，都能给人生带来成功的荣耀。正确的择业观念应当

是自我认识、环境认识、价值目标认识的系统结合。而职业生涯规划可以帮助个体在此基础上树立具体的、有针对性的择业观念，从而对机遇的把握更为全面和深刻。

（二）有利于促进个人努力工作

随着职业生涯规划内容一步步实现，个人的成就感会不断地增强，这将有利于促进个人进一步向新的目标前进。

（三）有助于个人抓住工作的重点

职业生涯规划能够帮助我们评价工作的轻重缓急，并合理地对日常工作进行安排。一个人若是没有职业生涯规划，就会很容易被与人生目标无关的日常事务缠绕，甚至沦为琐事的奴隶，无法实现人生目标。职业生涯规划就是为了帮助个人抓住工作的重点，增强成功的可能性。

（四）有助于个人评估自己的工作成绩

职业生涯规划的一个重要功能就是向个人提供了一种自我评估的重要手段，具体规划的每一步实施结果都是可见、可测和可评的。制定了职业生涯规划，个人就可以根据规划的进展情况对自己目前已取得的成绩进行评价。

只有制定一个好的职业生涯规划，我们才能掌握好自己的竞争优势，发挥个人的潜能，并充分把握稍纵即逝的机会，实现预定的目标。

（五）促进人全面发展的重要手段

随着生活水平的提高，人们的自我意识逐步增强，人们的要求已经不仅仅是停留在财富的基础上了，而是渴望获得全面发展，职业院校学生要对自己有一个全面的认识，要根据自身情况选择人生的发展路线，这就离不开职业生涯规划。

（六）帮助学生提升自身的价值

在职业生涯规划的过程中，要求规划者对自身的价值重新进行评估，并通过层层递进的评估重新审视自己，重新认识自己的价值。在此基础上，根据职业方向来制定相应的行动计划，从而进一步增强自己的职业竞争力，提升自身的价值。

（七）帮助学生立足现有成就确定奋斗目标

事实证明，许多在事业上失败的人，并不是没有知识和能力，而是在于他们没有很好地规划自己的职业生涯。只有明确了目标，职业院校学生才有奋斗的方向，才会积极地创造条件实现目标；只有明确了目标，职业院校的学生才能找到与自己最匹配的职业发展道路。

三、职业院校学生职业生涯规划的原则

原则是行动的基本规范，也是行动取得预期效果的行动指南。良好的职业生涯发展规划既有利于个人职业生涯的发展，又有利于家庭生活质量的提高和社会的和谐进步。因此，要做一份良好的职业生涯规划，就必须遵守下列基本原则。

（一）实用性原则

一份职业生涯发展规划不管表面多么诱人，都得经过实践的考验，因此，在进行职业生涯规划时必须讲求简便易行的实用性原则。在实用性原则里，应考虑目标是否符合自己的性格、兴趣和特长，能否在规定的时间内完成，实现目标的途径是否能在自己的特质、社会环境、组织环境等范围内执行，可行性有多大，在执行职业生涯发展规划的过程中，自己能否随时掌握执行的情况，能否进行有效的评估等。

（二）可行性原则

职业生涯发展规划涉及很多具体的任务和实施步骤，因而要求规划者不仅要具备规划的意识，更应在规划中体现操作的程序环节。一份好的职业生涯规划，其操作性最终会落实为时间、地点、资源、对象和程序的具体化内容，以此保证规划可以通过实施者的行为而得以完成。规划要依据个人的特点、社会的发展需要来制定，若是具体规划，还不可避免地要明确其中的人、事、物相关资源的取得、调整和利用等操作手法。

（三）针对性原则

在现实生活中，每个人的成长方式和发展历程是不同的，每个人的生活习惯和性格爱好也是不同的，因此，尽管很多人的专业和从事的职

业相同，但他们并不能通用一份职业生涯规划。在通常情况下，对使用者来说，个别化了的职业生涯规划才是好的职业生涯规划，这是因为一份好的、充满个性和有针对性的职业生涯规划，其出发点是指向使用者本人的，是能够体现其个性、个人特质和其个别化的资源配置和利用的。因此，在制定职业生涯规划时，也一定要遵循针对性原则。

（四）阶段性原则

阶段性原则指的就是在进行职业生涯设计时，要充分考虑自身所处的不同发展阶段，有目的、有步骤、有计划地调整和安排各个不同阶段的职业生涯计划。人生所处的阶段不同，生活的主要内容以及奋斗目标也会有所不同。

（五）独立性原则

独立性原则是指在进行职业生涯规划时要有自己的主见，根据自己的志向和判断独立作出职业选择，不能过分地依赖他人，更不能把自己的命运决定权交给他人。在学生择业时，其周围的人，如父母、亲戚、朋友和老师等，都会给出一些建议，提出他们的期望。这些建议与期望的出发点都是好的，但是，他们的价值观和考虑问题的角度不可能与学生自己的想法完全一致，所以，他们的建议未必会符合学生个人的发展实际。比如，有的学生家长可能一心期望自己的孩子能成为一名政府官员或是成为一名教师，于是，劝自己的孩子进入机关或学校工作，但学生自己却觉得机关与学校的生活都不适合自己，而更愿意在技术领域做出一番成就，这个时候就需要学生自己进行人生的考虑，自己拿主意，把握命运，毕竟只有自己才最了解自己，才最清楚自己的长处与短处在哪里。

（六）明确性原则

规划是预测未来的行动、确定将来的目标，规划中的各项措施与行动应该有清晰明确的时间表，各项主要行动何时实施、何时完成，应有明确的时间和顺序上的安排，以作为检查行动的依据，并及时评估和修正。

四、职业院校学生职业生涯规划的五种基本能力

（一）认识能力

了解自己的兴趣、能力、性格和职业价值观。喜欢从事学术研究的人和喜欢从事务实工作的人在职业生涯规划上有很大的不同：前者考虑大学毕业后继续深造，培养研究能力；后者可能考虑先直接工作。如果不能对自己有一个正确的认识，往往会舍其所长，就其所短。

（二）生涯决策能力

生涯决策通常由设定目标建立行动计划，找出各种行动方案、评估可能结果的利弊得失，系统排除不适用的方案和开始行动几部分组成。一些理想型的职业院校学生在就业的过程中容易出现生涯决策犹豫的心理，从而错失就业良机。

（三）收集有关生涯发展信息的能力

了解各种职业的结构，包括专业学科用人趋势经济状况、社会需求以及发展的空间与前景等。对周围环境认知不确切，对环境估计不足会出现坐等心理。

（四）发展推销自己的能力

找工作除了自身的实力外，还需要提高求职技能。如参加和学习与就业方向有关的暑假工作、社会实践活动；撰写专业学术文章，提出自己的见解；积极参加招聘活动；进行模拟面试训练，强化求职技巧等。

（五）了解自己所追求的生活形态，发展适应工作的能力

职业没有高低贵贱之分，做到极致都可以成功。不同的职业决定个人在什么样的环境下工作和什么样的人共事，以及每天的作息、休闲、家庭生活如何等，当然，有时也会碰到许多挫折和不快，使我们产生怀疑，这时就要学习一些自我调适的方法。当你修正自己的做法后，如果还是成效不大，无法平复内心的不满、压力和倦怠感时，这时，你可能变了，以前的兴趣已不再适用了。这时，你可能要回到职业生涯规划的某

一点，再次找寻一个适合成长后的职业生涯，也有可能，你需要检视自己在工作、情感和自我成长这三件大事上是否取得了平衡，毕竟生命是一段旅程，而不是目的地。

第八章 新形势下职业院校其他管理创新

随着职业院校办学规模逐渐扩大，对其管理也有了更高的要求，除了上面章节对教育教学、人力资源、学生健康、就业进行管理外，还有一些其他方面的管理，如图书馆管理、校园文化管理、信息化建设等。本章就对这几大层面展开研究。

第一节　职业院校图书馆管理

一、图书馆管理的含义与特征

(一)图书馆管理的含义

我们对图书馆管理重要性的理解是渐进的。通过翻译和引进国外管理理论和方法,制定和改进图书馆管理指南,这个过程引入了许多图书馆学术管理的定义。以下是图书馆界的一些流行语录。

“自动化图书馆管理是图书馆科学管理”。毋庸置疑的是,科学、系统的图书馆管理意味着图书馆现代化的进程走到了成熟的阶段。图书馆管理不是一个苍白、片面的概念,它是一个整体,包括对图书馆员工的管理。“自动化管理”是图书馆管理手段之一,区别在于它所使用的是现代技术。

“图书馆内各个工作环节之间的高度协调一致就是图书馆科学管理”。图书馆管理行之有效的前提是,图书馆内不同部门之间的协作科学合理且亲密无间。然而,值得注意的是,这种部门间的高度协调也并不意味着图书馆最终实现了预期的管理目标。因为管理不能把决策过程排除在外,如果决策一开始就是错误的,那这种协调只可能让管理的结果与预期背道而驰。

“低耗、高效、优质的管理就是图书馆科学管理”,现代企业管理中,相关部门为了衡量员工绩效,会用上“低消耗、高效率、高质量”这三个指标。但对于图书馆管理来说,只用这三个指标去衡量管理结果及员工绩效是不够的。由于图书馆活动属于精神生产范畴,精神生产的社会效益往往是隐蔽的。

“符合图书馆工作规律的管理就是图书馆科学管理”。在这句话中,套用了哲学来概括图书馆管理的定义。所确定的含义是图书馆依法开展工作在一定程度上可以提高图书馆的管理水平。

“图书馆组织管理的系统化就是图书馆科学管理”。这是将系统理论应用于图书馆管理的尝试。系统论是研究系统存在和发展机制的理论,在图书馆管理中实施该理论制度可以强化图书馆管理的理论和方法。但是这个定义太过于宽泛了。

以上许多观点都来自不同的角度,但它们都有一些局限性,我们应该对这些观点进行全面分析,以利图书馆管理更加全面和精确。

(二)图书馆管理的特征

1. 关联性

图书馆系统中的所有环节和层次都是相互联系和相互依存的,我们必须注意事物的因果关系,加强图书馆各部门业务管理任务之间的联系与配合,建立连带责任追究制度。

2. 均衡性

图书馆系统是一个移动系统,图书馆与其外部环境之间的平衡要求所有图书馆活动都具有均衡性。图书馆内的平衡要求每个子系统的目标与图书馆系统的总体目标相匹配,以平衡图书馆和外部环境,例如,编目和文献收集系统平衡、组织体系之间的平衡、参考文件和流转文件之间的平衡、工程机械与日益复杂的文件类型之间的平衡、人员与各种业务任务需求之间的平衡。

总之,图书馆管理应该从大局入手,从发展变化的角度分析管理过程中的问题,而不是用孤立静止的观点。为了解决管理过程中的问题,必须考虑各个环节的关联性,在图书馆系统内部、各级之间要相互沟通,不能打破相关联的环节来解决管理问题。

二、图书馆管理的原则与方法

(一)图书馆管理的原则

1. 系统原则

每个图书馆都是一个由多个子系统组成的元系统,同时处于更大的图书馆运营系统中,这就是为什么系统论成为图书馆管理最重要的指导思想的原因。

（1）目的性

一个系统的存在具有一定的功能性和目的性，主要负责收集、编辑、维护和传输文件以及组织和系统地交换文件中的知识或信息。让用户从文档、书目、知识三个层次上获取资源。它的基本功能是收集、组织和部署应用程序，目的是满足读者的知识和信息需求。不同类型的图书馆都有自己特定的目标，这些目标因策略、任务和用户目标而异。

（2）整体性

图书馆的系统原则的整体性体现在两个方面：一是管理本身需要站在整体的视角来统筹全局，要有整体与长远的规划。二是把管理对象的各种因素作为一个整体来看，对各个因素的管理需要符合整体性的发展。

（3）层次性

图书馆管理系统是一个层次分明的整体，有领导层、执行层、监督层等，各层级都有各自相对应的权力与职责，各尽其责，各行其是。

（4）联系性

图书馆由于分工不同而形成了不同的工作部门，但是每个部门并不是绝对独立的，而是存在着重合与交叉，只有处理好各部门的关系，才能形成合力，共同发展。

（5）均衡性

作为一个有机的整体，图书馆各个系统之间关系密切，相互制约、相互促进，只有不偏不倚，保持平衡，才能使图书馆系统均衡发展，实现目标。

2. 集中原则

集中原则是管理我国图书馆运营的关键原则。集中管理有以下四种含义：①由图书馆公司集中管理，协调全国各系统和图书馆的工作，在国家层面有针对性、有组织地规划国家图书馆公司的发展。②图书馆和技术作品的标准，包括相同的分类、定期交易、统一存储格式和数据交换标准等。③图书馆法。④图书馆必须有一个清晰的开馆思路，这是实行集中管理原则的思想基础，同时，它还需要一套相对完整的图书馆指南和规定。

3. 民主管理

图书馆管理工作,并不是只有图书馆领导和馆员才能进行管理,用户的需要也应该被满足,用户代表也可以参与图书馆的管理工作。

在图书馆民主管理中有四项任务。①提出适当的意见和建议,以改进图书馆工作。②监督和推动图书馆计划的实施。③对专家管理和部署提出建议。④监督从业者的工作。

4. 动力原则

图书馆每一个活动、每一次发展都必须有宣传的动机,图书馆发展的动力来自用户服务需求和内部员工的活力。

现代图书馆管理的根本动力是:①物质能源。包括工资水平、奖金、福利、生活条件等。②精神动力。包括精神鼓励、发展机遇等。③信息的力量。信息并不是管理者决策的唯一依据,但这也是事物发展的驱动力。

5. 效益原则

目前,我国图书馆的效益主要体现在两个方面,即社会效益和经济效益。图书馆作为社会文化和信息的重要组成部分,是通过向社会提供政治、经济、文化、思想等各学科的文化与信息来实现其社会效益。图书馆经济效益的实现需要通过使用现代设施和设备的功能,以有限的资金购买读者想要的文件,并尽可能节约使用人力资源处理存储文件,确保图书馆活动的最大效率。图书馆要加强管理,优化人员和资金的配置,来提高经济效益。

(二)图书馆管理的方法

图书馆管理活动的各个层次、过程和环节都有相应的方法。每个方法都有自己的状态、自己的责任和管理活动中的具体信息,同时,每种方法都有其局限性。广泛强化和相互强化是领导工作的关键,管理现代图书馆的方法有很多种,大多数包括规划管理、规章制度、问责制度等。

1. 计划管理

图书馆的计划管理不是一个单独的项目,而是一个包含多个环节的过程。从制定计划开始,在执行阶段可能涉及对计划的调整与审查,再到完成阶段对结果的验收与考评，根据计划目标的实现情况进行反馈，形成一个闭环的流程。图书馆计划必须根据科学原则制定。

制定计划基本上有四个步骤：①检视现状，提出想法。②收集数据并进行回顾性分析。③预测未来并设定目标。④根据最有效的方式进行计划和决策。

规定的计划指标只有通过计划的实施才能转化为绩效，才能达到既定的目标。计划的实施必须达到以下目标：分解计划指标，合理分工，明确职责，反馈控制，协调一致，及时总结。

2. 制度管理

图书馆规章制度是指图书馆工作人员或用户必须遵守的运作规则、规章制度和程序。

不同类型的图书馆，尤其是工作内容复杂的大型图书馆，需要严格的科学规章制度。定义规则时必须考虑四个方面的关系：①图书馆用户之间的关系：应以用户方便为出发点，还要以科学管理为基础。②一般用户与关键用户的关系：在定义规章制度时应注意满足一般用户对文献和信息的需求，还要考虑到关键用户的需求。③利用馆藏文献与保管文献的关系：图书馆在制定规章制度时，既要考虑图书馆财产的安全与完整，又要考虑用户利用馆藏文献的便利性因素。

3. 计划管理岗位责任制

岗位责任制是一种规章制度，它明确规定了每个员工的职位和应履行的基本要求和职责，并据此进行薪酬和奖惩评估。主要内容包括以下几点：①科学交流，明确工作范围。②明确每个岗位的职责和具体任务。③明确每项任务的数量、质量和时限标准。④各岗位员工的问题管理任务、权力。⑤控制不同岗位员工的道德操守。⑥制定严格的奖惩制度。

4. 目标管理

目标管理是下级和上级共同设定具体运营的目标系统，它是一种以结果导向概念为指导的管理方法。

目标管理的重要性应该包括六个基本要素：①以结果导向的理念为指导。②上司和下属共同确定一段时间内的组织目标。③共享目标的实施要跨越部门局限。④明确个人责任范围和个人必须达到的目标。

⑤每个人都有意识地独立控制和管理自己的目标。⑥根据设定的目标对取得的成果进行审查和评价。

图书馆的目标管理就是利用目标管理的方法进行各种图书馆管理活动。其包含以下几个方面：①设定总体目标。②制定不同层次的目标。③确定行动措施。④提供人力物力。⑤实施和控制。⑥影响评估。

目标管理符合图书馆工作的性质，它更好地反映了图书馆目标的完整性，可以让人们的意识和创造力发挥到极致，并能更好地促进专业图书馆事业的发展。因此，目标导向管理成为我国图书馆管理的重要手段。

第二节 职业院校校园文化管理

一、文化与校园文化

（一）文化

1. 国外学者关于“文化”的代表性定义

从英文拼写来看，文化的英文是culture，源于拉丁文cultur，意译为耕作。国外学者根据文化的语源和发展提出了许多不同的文化概念。英国著名人类学家泰勒是现代第一个界定文化的学者，他的定义也最具有权威性和代表性。他认为，文化是一个复合整体，包括人类社会中的一切知识、信仰、艺术、道德、法律、风俗以及其他作为社会一分子所习得的任何才能与习惯，是人类为使自己适应环境和改善生活方式努力的总成绩。

管理学家艾德·斯凯恩对文化的定义是综合了所有文化的内涵，他对文化的定义为：“一套基本的假设，解决外在适应力（如何生存）和内部集成（如何共同生活）的普遍问题的共同方法，它被各个时期包含，并从一代传到下一代。”斯凯恩的文化概念包括三个层次，这三个层次分别如下。

①表象和行为。表象和行为是文化的最表层，指我们初次进入一个

新群体,面对一个不熟悉的文化时,所看到、听到和感受到的一切表面现象,是可以观察到的组织结构和组织过程。如建筑物和内部设计、欢迎仪式、服装、语言、谈吐、情绪以及表明组织价值观的标语、显示文化底蕴的仪式和典礼、彰显组织制度的书面和口头的规定等,这个层次包括了一个群体可见的行为,以及该行为成为习惯性动作的过程。

②信仰和价值观。信仰是对未来人权的全球意识,道德是信仰控制下的正确行为,价值观是社会成员评价行为和事物的标准,并从许多可能的目标中选择所需的目标。价值观体现在人们的行为和态度上,是驱动人们行为的内在驱动力,价值观可以控制所有社会行为,包括社会生活的方方面面。

③基本假设。基本假设是指人们在长期的工作和生活中自然形成的潜意识的解决问题的方法。如潜意识的一些信仰、知觉、思想、感觉等,它的形成是当某种解决问题的方式可以持续有效地解决问题时,则该方式就被视为理所当然,就约定俗成地形成了固定的表象和行为。

2. 国内学者关于“文化”的代表性定义

人文主义、当代文化学家张荣寰于 2008 年 3 月对文化进行了定义:文化代表了某种程度的关系,即具有更高人格的人,在历史层面、社会层面、自我层面都得到渗透和表达。文化是反映一个人的个性和环境的定义,为社会中人类观念的研究提供充分的理论和精神支持。

文化代表了一个人的最高价值。这是对人格的最高定义,也是最高的文化表现——通过真、知、善、仁、美的信仰认识人格。文化也是人文学科的社会表征,人类的真理只能是源自人本身,而所有的物质,除了人以外,都反映在一个人的生活中。人类的文化秘密被保存在大自然中,文化是人类幸福的工具,通过在社会实践中的交流和文化包容,人们感受和理解个人、群体乃至人类目标、理想和正义的实现以及共同利益的实现。文化是文明的载体,人类个性和生态的成长直接导致文明,文明是血缘、种族与信仰探索的发展结果。要创造更高层次的人类文明,就应创建更先进的文化。

文化是人类群体整个的生活方式和生活过程,文化的存在取决于人类创造和使用符号的能力。符号是文化的最外层,价值观是文化的核心构成,价值观指人们评判日常生活中的事物与行为的标准,它是人们喜欢某种事态而不喜欢其他事态的一种普遍倾向性。如辨别善恶、美丑等，决定着社会中人们共有的区分是非的判断力。

文化来自人类与自然和社会的互动，结合了思考、行动和创造性活动。它是一个有很多内涵的概念。个人层面是本体在社会生活中所得到的全部经验，社会层面是社会成分相互学习和交流的集体经验，自然层面，它是经由人的努力而被增加和被创造的部分，在个人知识层面，它是一个行为指标，是评估经验活动的基础。文化，从本质上说是人性的内化和外化。

（二）校园文化

国内的学校文化研究起源于“校园文化”的提出。自20世纪80年代初以来，随着文化热的兴起，校园文化越来越受到人们的关注，校园文化逐渐成为一个研究的热点。

基于校园文化亟待突破研究视野的现实和组织文化对企业发展的重大作用，借鉴组织文化的理论来研究同属社会组织的学校，成为国内校园文化理论研究的新探索，并初步出现了一批理论成果。

随着我国职业教育的发展，关于学校文化的基本理论开始引入职业院校的文化研究中来，近几年有关职业院校文化研究主要有以下三方面的成果。

①继续沿用“校园文化”的概念，对职业院校校园文化的基本问题展开广泛的探讨和研究，包括职业院校校园文化的概念、现状、结构、内容。其中也包括两个层次：一是将校园文化界定在第二课堂学生各种文化活动和选修课上。二是虽然沿用“校园文化”的概念，但在具体的论述中，实质上已经转变到学校文化的内涵上来。

②明确以组织文化的视角，展开对职业院校文化特点的研究，如邓彩耀从职业院校组织文化、教学文化、知识路径探讨职业院校的文化定位；余祖光、李术蕊从“贴近市场，以就业为导向的趋势”“贴近岗位，突显实践性和职业性趋势”“贴近企业，产教结合的趋势”“贴近百姓，以人为本的平民化趋势”四个方面，揭示了职业院校文化的某些特征。

③企业文化和职业院校校园文化的对比研究，如丁钢认为企业文化和职业院校文化的交融是校企合作的更高境界，企业文化对学校文化的影响主要表现在两个方面：企业文化对学校管理的影响；企业文化对学生成长的影响。对学生的影响具体表现为活动的规范、团队的训练、吃苦耐劳的体验、纪律的养成教育。

根据以上分析,职业院校文化研究具有以下特点:一是职业院校文化的研究仍然处于以校园文化的视角对一些基本概念和理论作论述的初级阶段上。二是对职业院校文化的特色研究已经展开,尤其是根据职业院校文化的特点,逐渐认识到企业文化和职业院校文化之间的某种必然联系,并对利用企业文化来构建有职业院校特色的校园文化展开初步的研究。但从研究的成果而言,仍然处于初级阶段,缺乏系统和深入的研究。

二、职业院校校园文化管理层次

职业院校校园文化的特征与功能决定了其重要而不可替代的战略地位。我们将校园文化建设在职业院校学院发展中的战略定位确定为:校园文化建设以其对独特职业理念和学校精神的塑造,以其对学校师生行为的日益整合,在职业院校各项建设中处于先导性战略地位,并通过校园环境景观设计、管理制度落实、职业氛围熏陶等育人载体,校园文化建设保证了职业院校人才培养目标的最终实现,并为学生的终身教育和可持续发展提供了人生成长的精神动力。

一般而言,对学校文化的分层,被大家普遍接受的是"同心圆"说。即大致按照由浅入深分为三个层次:物质层、制度层和精神层。

(一)校园物质文化

这是浅层面的校园文化,它是指人们所创造的、能体现出创造者自身的某种价值或信仰、为人们感观所直接触及的客观存在物。它既是校园文化的物质性载体,也是构建校园文化的物质基础,主要包括学校内的各种建筑物、教学实训设备、图书信息资料、校园景观道路、花草树木、雕塑壁画等。

(二)校园制度文化

这是中间层面的校园文化。一个学校如果仅有优越的环境,没有严格的规章制度来约束和规范师生员工的行为,学校就可能会纪律涣散、秩序混乱,就可能使学生滋长享乐主义与自由主义的错误思想。这便要求我们"软""硬"兼施,在抓好物质文化的同时,加强制度文化建设。

（三）校园精神文化

这是深层面的校园文化。它是校园文化的核心内容，主要包括学院精神、办学理念、文化氛围等内容。校园精神文化既是校园文化建设所要营造的最高目标，也是建设校园文化所必需的根本基础。学校师生员工精神文化丰富健康，思想积极向上，精神风貌良好，就能形成一个影响全体师生员工的优良环境。这种深层次的文化会使师生员工很明显地受到健康、向上、积极的精神文化的熏陶、影响和教育。一种和谐、宽松的文化环境可以通过潜移默化把外在的要求内化为校园文化主体内容和自我要求，激发学生的求知欲望，并逐步建立起正确的人生观、世界观，进而塑造优良的个性品格。

三、新形势下职业院校学生学风建设管理

学风建设是职业院校工作的重要内容，学风建设工作主要体现在“教”与“学”两个方面，充分调动学生对学习的积极性和主动性，是解决“学”的关键。通过以强化班级建设为基础、创新管理制度为手段，建立学生学风建设新的机制，该机制是以学生为中心，以班级建设为重点的学风建设工作体系。该体系以班级建设为组织保证，以各种激励办法和强化管理为制度保证，搭建若干活动平台作为各种教育活动的载体，解决长期困扰职业院校学风建设的问题。

（一）学风与职业院校学风

1. 学风

学风是长期形成的、一种无形的东西，是人们对获取知识和运用知识的一种态度，是人们看问题的方法，是道德观、价值观、人生观的一种体现。人类社会各阶层、各领域都有自己的学风，学校有学校的学风，学术界有学术界的学风。

学风之关键，在一个“学”字。好的学风是学习之风，不好的学风是不学之风。对于非学界人士来讲，不学之风是一种不良的社会风气；对于以学为业的人士来讲，不学习就是失职，不学之风就是失职之风。

要使全社会形成好的学风，就要树立全民热爱知识、尊重知识、学习

知识的意识。我国提出建立“学习型社会”,正是热爱知识、尊重知识、提倡学习知识的具体体现。英国著名哲学家弗兰西斯·培根曾说过:“知识就是力量。”“史鉴使人明智,诗歌使人巧慧,数学使人精细,博物使人深沉,伦理之学使人庄重,逻辑与修辞使人善辩”。

对待学习工作要有严谨求实的态度。严谨求实的学习和工作态度是获得知识并使事业取得成功的基础和前提。实践证明,获得知识最基本的方法就是学习。知识不是与生俱来的,它是靠持之以恒、锲而不舍的努力学习,日积月累而获得的。在学习和工作中切忌浮躁和弄虚作假,要提倡求真、务实、严谨、创新的科学态度。

要倡导理论联系实际的学习观,理论联系实际,是端正学风必须解决的重大问题。一切科学知识都离不开人们的社会实践活动,都是人们实践经验的总结。同时,以知识为基础的科学又推动生产力的发展,推动人类文明的进步。

2. 职业院校的学风与校风

职业院校的学风,从广义上讲,是指一所院校的学习之风、教学之风、学术之风。职业院校的学风是在长期实践积累过程中升华出来的优良传统,凝聚全体教职员工和广大学生的学术思想、办学理念和思想方法。因此,职业院校的学风,其实“是一种氛围,是学术氛围和学习氛围。一流大学的空气中必定弥漫着一股浓郁的、厚重的文化气息,再差的学生在这样的空气中熏染一番,骨子里也会透着高雅的书香气质。正如古人所谓的‘世代书香’,一个人在良好讲学的空气中熏陶几年,即使没有什么专精的造就,走出来谈吐举止,总有满身的书香气,不至于处处露出俗气俗态来”(林语堂)。这便是职业院校学风的最高境界。学风的形成是一种潜移默化的过程,这一过程指导、支配着学生的物质生活与精神生活的价值取向和行为模式,是学生思想道德素质的反映,学生是学校的主体,所以,学生才是学风建设的主体。因此,我们主要探讨狭义上的学风,即学生的学习之风。

职业院校学风与校风有着密切的关系。

首先,职业院校的学风是校风的一个重要标志,是校风的重要内容。学生是学校的主体,学校办学的宗旨是培养人才,学风的好坏直接影响学生的成才,而透过学风这个窗口能清楚地看到学生的精神风貌,看到学生的综合素质状况。所以,学风从一个侧面反映了学校的校貌,学校的教育教学质量,体现了学校的办学水平。

其次,学风体现于校风上。校风在很大程度上是学校这个大环境体现出来的学习风气。学风体现在学校的管理上,学校管理得好,必将带动整个学校的风气,从而影响每个同学的学习积极性和精神状态。

总之,学风是校风的重要组成部分,是校风的精髓部分,学校教育、管理、服务水平的高低直接影响着学风的建设,所以校风不好,就不可能创建优良的学风。

(二)职业院校学风建设

加强学风建设的目的就是使学生重新回归学习本身,就是要旗帜鲜明地强调本职学习的重要性,在学风建设问题上树立"以学习为中心"的地位。学生活动和学生工作,其目的和宗旨、内容和步骤,都要围绕学生学业的进步、水平的提高来展开。

我们常说学校就是一个大熔炉,学校不仅是学习科学文化知识的园地,更是学生塑造自我、全面造就高素质的熔炉。学生在学习、生活中时时刻刻都受学风影响,学风对学生影响之大,即使毕业后,其思想、道德、作风、纪律观念、文化素养等方面,都会受到它的感染,身上留着深深的烙印,学风是衡量职业院校办学水平的一个重要标志,学风更是一所学校的品牌和形象。因此,学风建设是学校一项重要的工作,具有极其重要的意义。

1. 学风建设是学生学习科学文化知识的需要

学习是每一个学生的天职,学生上大学的主要目的就是学习科学文化知识,国家和社会投入巨资办职业院校的一个最主要的目的,是要使学生掌握科学文化知识。知识是青年成才的基础,古今中外凡是取得伟大成就的学者、科学家、文学家、艺术家,无一不是具有宽厚扎实知识的人。学生只有掌握丰富的知识,才能有所发明、有所创造,才能成为一个对国家、对人民有用的人,才能实现自身的人生价值。学生毕业后能否顺利就业,能否在激烈的竞争中占据主动,关键要看是否真正地掌握了现代科学知识及其实践能力。

学生在校期间的获得,一是知识,用相对有限的时间,系统学习前人所积累的科学文化知识,掌握现代科学知识和学习方法,形成、完善个人的知识体系。二是实践能力,学生运用所学知识通过实验、课外活动、社会实践等环节,培养适应能力、人际交往能力、表达能力、创新能力、动手能力、管理能力等,为迈入社会打好基础。所有这些都离不开良好的教学与实践的环境、学生自主学习的风气。一所学校的教学质量、学习风气和科技实践活动的氛围正是这所学校学风的主要表现,所以,只有加强学风建设,才能很好地完成知识的传递,才能实现学生"智育"的发展。

2. 学风建设是提高学生综合素质的重要保证

国与国之间的竞争归根结底是人才的竞争。新时代的人才标准是什么呢?主要是思想道德素质和科学文化素质,即是否德才兼备。这标志着对教育的认识又回到对人的培养上来,通才教育、素质教育的核心,在于教育引导学生学会做人。加强学风建设直接影响学生的创新能力、实践能力、竞争意识,总之,影响到学校所培养的人才质量。因此,优良的学风是提高学生综合素质的重要保证。

3. 学风建设是学生思想政治教育的重要内容

学风建设是职业院校教学基本建设的一项重要内容,也是职业院校学生思想政治工作的主旋律。党的十九大报告明确指出:"要全面贯彻党的教育方针,落实立德树人根本任务,发展素质教育,推进教育水平,培养德智体美劳全面发展的社会主义建设者和接班人。"这为深化职业院校教育改革,全面推进素质教育,加强学风建设,培养高素质创新人才指明了方向,学风建设是职业院校深化教育改革培养高素质人才的基础性工作。就培养人才而言,它渗透于学生全面发展的实践之中,其实质是教育引导学生树立理论联系实际和实事求是的作风,形成"严谨、求实、勤奋、创新"的优良学风。学风建设是衡量学校工作的重要指标,是加强学生素质教育的重要措施,也是新形势下加强职业院校学生工作的迫切需要。

思想政治教育工作的目的是育人,将学生培养成为对国家、社会有用的人才。学校对学生进行思想政治教育的内容很多,要顺利有效地开展思想政治教育,不能空喊口号,必须同解决学生的学习生活等实际问题相结合,而学风建设正是一个重要的切入点。

大学是一个半开放的环境,随着我国市场经济体制的逐步完善,社会组织、社会生活方式等趋于多样化,许多社会思潮难免会涌入校园,引起学生思想波动，冲击学生的世界观、人生观和价值观。西方社会思潮不断地输入职业院校，干扰着在校学生的心理成长和社会认知与判断，产生一定的负面影响，现实社会中的一些不良风气，同样考验着大学生的思想道德体系。学生思想教育，通过加强学风建设，也可以帮助解决。

首先，学风建设是职业院校育才的重要措施。学风建设的一个重要目的，就是帮助学生明确学习目的、提高学习动力；养成遵守教学秩序的习惯；提倡在学习和学术研究上诚实守信，杜绝作弊现象；培养学习和生活中互相关心、互相帮助的团结协作精神。这些都是学生思想教育的内容。所以，学风建设是在学生中开展理想信念、团结协作、遵纪守法、诚实守信等思想教育工作的重要载体。

其次，学风建设是学生成才的重要保证。而思想教育就是为了培养德、智、体、美、劳全面发展的人才，所以，加强学风建设是实现学生思想教育目标的重要前提。学风建设与思想教育两者密切相关，互相一致，都是为了培养合格人才。

4. 学风建设是创办一流大学的必要措施

学风建设是衡量职业院校办学水平的一个重要标志。学风代表着一所学校的办学品位、育人环境和社会声誉。职业院校的主体是学生，培养学生是学校的最根本任务。衡量一所学校办学水平的高低，最重要的标准就是看培养出的学生质量的优劣。培养出的学生综合素质高，受到社会的欢迎，那么学校就赢得了社会声誉，实现了它最基本的价值，否则，都是舍本逐末。综观中外一流大学，无一不是靠培养出大量一流的人才而屹立于大学之林。良好的学风有一种巨大的精神力量，可以熏陶和感染学生，加强学风建设正是实现人才培养目标的重要途径。

学风建设是孕育大学精神的沃土。所谓大学精神，就是一所大学体现出来的生命力、创造力和凝聚力的整体精神面貌。它是一所大学办学历史的文化积淀所形成的独特的精神特征；是一所大学的办学理念和价值追求，表现为大学的群体意识；是激励大学发展，提升大学办学水平的精神动力。学风建设是孕育大学精神的沃土，优良的学风有利于大学精神的进一步积淀。全面推进学风建设，可以形成浓厚的文化底蕴，使大学始终处在不断前进的发展状态中，使培养的人才始终处在昂扬进取、发奋建树的人生状态中。

随着社会的不断进步,职业院校规模的扩大,我国教育已经进入大众化时代。新形势下职业院校的地位发生变化,成为推动社会进步的重要力量,同时,学生学风建设方面也出现了一些问题,这不能不引起我们的重视。总之,加强学风建设不论对国家、对职业院校,还是对学生本人来说都至关重要。它关系到国家的强盛和社会的进步,关系到学校的发展和社会声誉,关系到学生成长成才。学风不正,贻害无穷!为此我们大力倡导创建优良学风,提出"学风建设是主线"的观点。

第三节　职业院校信息化建设

一、信息化与教育信息化

(一)信息化的概念

信息技术是现代科技的重要组成部分,其从20世纪80年代开始就给人类的生活方式带来了巨大的影响。信息技术进入人们的生活,使人际往来的时空限制被打破,全球各国、各民族、各地区甚至每个角落都因为信息技术的出现而联系得越来越便捷、越紧密,也正因为信息技术的出现,全球人民共建"地球村"的美好愿景一步步实现。全球各国借助信息化手段而相互联系,友好往来,各种不同的价值理念、民族文化相互交流、融合。可见,信息技术产生与发展的意义不是简单地停留在传播工具的更替和现代传媒的快捷,它已成为人类构筑网络社会的重要基础,它改变了人们的价值观念,也使得人类的思维方式和生活方式都发生了重大的改变。

20世纪60年代是"信息化"概念最早出现的时间,当时由日本科技研究人员提出Johoka一词,该词被解释为信息化。最初提出信息化时,人们将其理解为信息产业化,而社会信息化被视作信息产业化的目标。日本学者后来又对"信息化"的含义作了详细的解释,并指出构建社会信息化的宏伟目标,而当信息产业在社会中居于支配地位,产生巨大的社会影响力时,才算真正进入了信息社会。后来有关学者深入研究了信息化的相关概念,如信息革命、信息社会等,这些研究提高了人们对信息化的认识，并对进一步研究信息化概念具有重要的启示意义。

（二）信息化时代的特征

1. 信息传播数量多

全球化时代的到来使得知识、信息的传播不仅数量多而且速度快，而进入信息化时代后，数量变得更多，信息的爆炸与饱和已经成为人们必须面对的客观现实。在信息大量传播中，人们从多个视角理解信息，从而促进了人类价值观念、思维方式的多元化。

2. 信息传播速度更快

信息化时代背景下，信息传播不仅海量，而且速度飞快，信息的飞速传播使得全世界的重要新闻在第一时间被各国人民知晓，人类进入了信息全球化时代。世界各国、各民族的信息在全球范围内加速传播，五花八门的信息在人类共建的“地球村”相互整合、交汇，被世界各地的人传播、分享、评价。人类是生产信息的主体，也是接收和消费信息的受众，现代传播媒介越来越多样化，越来越发达，同一信息可能同时传播到世界各地，被世界人民共享，具有鲜明的即时性特征，而且如此飞快地传播也保留了信息的原貌。

人类传播信息、进行信息交流与互动的速度越来越快，大众传播媒体如电视、广播等的发明与流行使人们能够快速掌握世界各地的信息，而计算机网络的出现则为人们的远程交流与互动提供了良好的平台，人类的时空距离正在被消除。

3. 人类生存空间的网络化

人类的时空距离因为信息技术的出现而不断缩小，互联网的出现使得地理上的距离限制被打破，人们可以随时随地进行远程交流。网络使得人类过上了更加自由的生活，已经成为人们生活中不可缺少的一部分。人类的生存生活空间因网络的出现而得到了拓展。

4. 人类的交往方式多元化、交往空间扩大化

当前，世界经济格局、经济增长方式因信息技术的发展而彻底发生了改变，网络经济社会正是因为信息技术革命才形成的，人类的交往方

式受到了信息化的重要影响。信息技术的革新使人与人之间进行着越来越便捷的交往，基于信息技术而形成的交往方式比传统交往方式更加多元化、高效化。

信息技术的发展也促进了很多社交软件的产生，如脸书、微博、微信等，这些交往软件有很大的自由性，而且具有即时性，人们时时刻刻都能在第一时间将自己的最新动态分享在平台上。

全球化、电子化、智能化、非群体化等是信息化的重要属性，正因如此，全球性、虚拟性、开放性和交互性等成为人们在信息化时代交往方式的典型特点，人际交往空间也因此而一步步扩大。

（三）信息化时代对教育的支持与挑战

1. 信息化时代对教育的支持

信息化时代背景下，信息技术飞速发展，其在社会各个领域的应用越来越广泛、频繁。教育领域中也越来越注重对信息技术的运用，如计算机教学手段在课堂教学中发挥着重要的辅助教学作用，网络教学模式和多媒体教学模式被构建、实施，这些都是信息技术发展给现代教育带来的积极影响，这充分体现了信息技术在很大程度上支持甚至是支撑着教育的发展。信息技术支持教育，主要从计算机技术在教育领域的运用中体现出来。下面从三个方面来说明信息技术对教育的重要意义。

（1）提高教学效率

现在有很多网络教育软件成为学校教育教学的重要辅助工具，这些软件的设计与发行有些价格和普通的书籍差不多，在相同教育成本的前提下教学效率却可以大大提高。校园网在学校教育教学中也发挥着重要的作用，为学校教学管理带来了便利。

（2）创造良好的教学环境

计算机技术的应用为学校教育教学创造了生动有趣的教学环境，吸引了学生的注意力，提高了师生的教学热情与积极性，改变了枯燥的教学氛围，提高了教学效果。动画、录像、图像等基于计算机软件而设计的教学资源对传播信息具有重要的作用，也为教学中的师生互动提供了便利。

(3)丰富教学方式

现代教育技术如多媒体、计算机以及网络的运用极大地丰富了教学方式,提高了教学信息的传播速度,也使教师与学生处理信息的能力和效率得到了提升。利用现代信息媒体技术而形成的教学活动方式如图8-1所示。

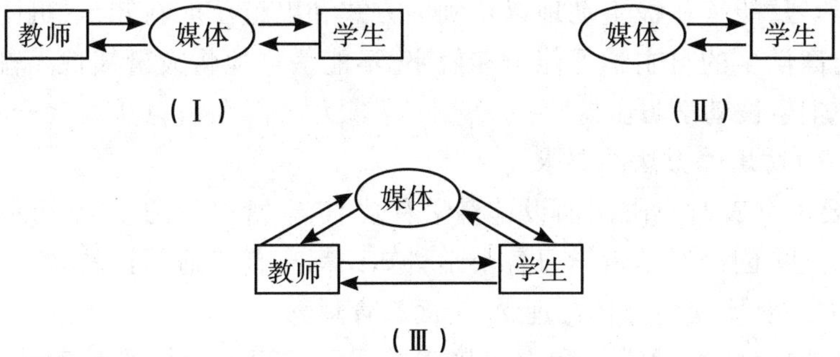

图8-1 信息教学活动方式

下面简要解释上图中的三种模式。

(Ⅰ)模式:教师借助媒体手段可以对学生的集体信息与个人信息进行快速、准确的收集。

(Ⅱ)模式:教师分析收集的信息,从学生的实际情况出发进行针对性和个性化教学。

(Ⅲ)模式:教师对计算机技术加以应用而组织教学讨论活动,活动的中心是学生,组织者是教师。

综上分析,信息技术给教育带来了非常重要的积极影响,不仅使学校教育方式发生了显著的变化,也使学生的学习方式越来越丰富、多元,而且还深刻影响了现代教育理念、教育方法以及教育模式。我们要抓住信息化时代的重要机遇,利用信息技术提供的便利搞好教育事业,早日实现教育强国的宏伟目标。

2. 信息化时代对教育的挑战

信息技术的发展一方面给现代教育提供了极大的便利,体现出信息化时代对教育的支持与重要性,但另一方面也对教育提出了更高的要求,使教育面临严峻挑战。信息化社会对学校教育的人才培养模式提出了很高的要求,具体体现在以下几个方面。

（1）对培养目标的要求

要求学校教育培养全面发展型人才，尤其是提出新型人才要有良好的创新素养。

（2）对培养内容的要求

要求给学生传授学习的方法，使学生能够采用适合自己的方法进行自主学习，能够积极主动地以正确的方式和渠道获取新知识、巩固旧知识，提高学生的自主学习能力和效率，不能一味地将大量知识灌输给学生，使学生被动学习。

（3）对培养方法的要求

要求突破时空限制而设计科学有效的、丰富多彩的、灵活可调整的教学方法，创造对学生学习各个学科知识都有普遍适用性的教学方法，教学方法要体现终身教育理念、全面教育理念。

我国传统教学模式和人才培养模式下的育人环境是被动的，学生缺少主动学习与探索的意识和能力，学生掌握的社会信息、国际信息很少，他们主动或被动与外界信息隔绝，所以学生的信息素养相对较差。而现代社会需要的是全面发展的新型人才，对人才的信息素养提出了一定的要求，所以，学校应注重对学生信息素养的培养，重点培养学生的信息接收能力、理解能力、处理能力和创造能力，使学生在丰富多彩的校内外交流活动中塑造良好的信息素养。

二、职业院校信息化的内容与过程

在开展职业院校信息化工作时，我们必须明确职业院校信息化的内容，遵循合理的职业院校信息化过程，力求信息化工作步入一个科学规划、全面发展和不断提高的良性轨道。

（一）职业院校信息化的内容

对职业院校信息化的理解可以用图 8-2 来表示。

如图 8-2 所示，职业院校信息化的内容可以从纵向和横向两个维度进行描述，其中，环境的网络化、资源的数字化、应用的智能化、表现的多媒体化是职业院校信息化的基石，教学信息化、科研信息化、管理信息化、校园生活信息化是职业院校信息化的主要任务，全面提高办学质量和效率，实现教育现代化是职业院校信息化的总目标。没有职业院校信息化基石的支撑，其各个主要任务无法得以实现，总体目标也将无从谈起。

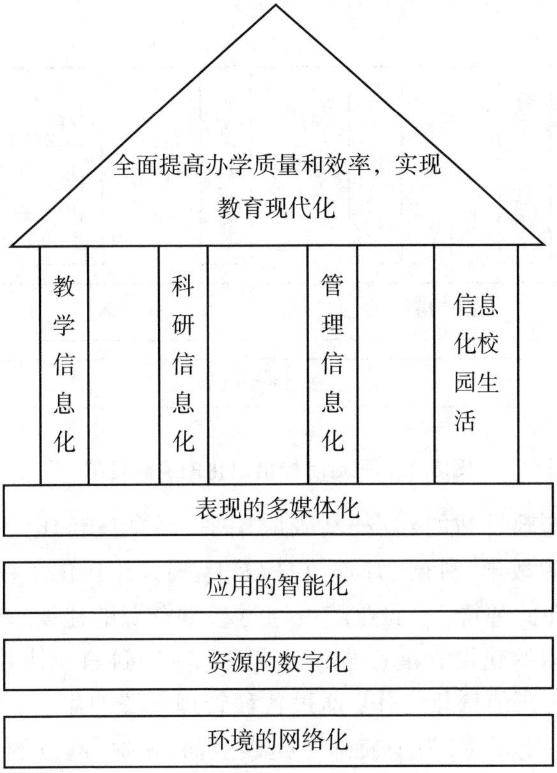

图 8-2　职业院校信息化定义

（二）职业院校信息化的实施框架

职业院校信息化的实施是一个漫长的过程，在这个过程中，需要有一个完善的体系进行保障，要从组织上、制度上、人员技能培训上、资金上及信息化标准和管理规范的制定上，来保证信息化工作的顺利开展。在职业院校信息化建设的整个过程中，信息化保障体系、信息化标准和管理规范的建立起到了贯穿始终的作用，没有健全的保障体系和完备的信息化标准、管理规范做后盾，职业院校信息化建设将很难顺利地推进，从而很难健康地、可持续地发展。我国职业院校信息化工作只有 10 多年的历史，职业院校信息化建设还远没有达到成熟的阶段，还有很长的路要走。如何保证在以后的建设中更加高效、避免低水平重复，从学校战略上、组织上、信息化标准和管理规范上加以保证尤其重要。保障体系、信息化标准和管理规范是职业院校在实施信息化的过程中必不可少的内容,因此,职业院校信息化的实施框架可以用图 8-3 来表示。

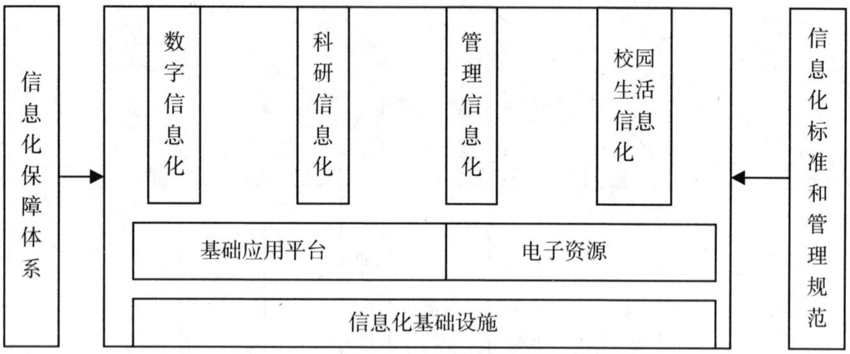

图 8-3 职业院校信息化的实施框架

信息化基础设施的建设、基础应用平台的搭建和电子资源的建设为职业院校的教学、科研、管理、校园社区服务等提供了一个良好的信息化环境。在此环境下,职业院校通过教学资源的建设、教学过程的信息化支持环境的建设开展教学信息化工作;通过科研协作交流平台等的建设开展科研信息化工作;通过各种管理系统的建设,实现管理信息化;通过信息化环境,为全校师生提供全面、便捷、高效的社区服务,实现社区服务信息化。

第九章 新形势下职业院校校企合作办学

校企合作是职业院校谋求自身发展、实现与市场接轨、大力提高育人质量、有针对性地为企业培养一线实用型技术人才的重要举措，也是社会发展的必然产物。它是市场人才适应社会发展的有效途径，其初衷是让学生在校所学与企业实践有机结合，让学校和企业的技术、设备实现优势互补、资源共享，以切实提高育人的针对性和实效性，提高技能型人才的培养质量。当前，虽然校企合作有了一定程度的发展，但是，也遇到了发展的瓶颈，因此要不断地纠错和规范。我们需要认清当前形势，拓展思路，对职业院校的校企合作办学加强管理，要认识到校企合作并不是万能的，其只是提供了理论与实践结合的土壤。因此，必须从区域经济发展需求出发，结合实际的情况，构建与新形势下我国国情相符合的校企合作模式，只有这样，才能真正地推进职业院校教育的健康发展。

第一节 校企合作概述

一、校企合作的内涵

实行教育与生产劳动相结合是党的教育方针的重要内容。对于职业教育来说,实行教育与生产劳动相结合,具有更加重要的意义,是职业教育改革与发展的必然要求,这是由职业教育的本质特征所决定的。发展有中国特色的职业教育必须研究校企合作,因为校企合作是职业教育的重要特征之一,也是产教结合的重要基础和前提。只有坚持校企合作,才能办出职业教育的特色。

学校与社会用人部门结合、师生与实际劳动者结合、理论与实践结合是人才培养的基本途径。或者说,教学与生产服务、科技工作以及社会实践相结合是培养技术技能性应用型人才的基本途径。这是职业教育人才培养模式的基本特征。①

二、校企合作的意义

(一)校企合作是适应我国经济科技发展的需要

我国一贯坚持的教育方针是坚持为社会主义现代化建设服务、坚持为人民服务,坚持与实践结合起来,培养德智体美劳全面发展的社会主义建设者与接班人。而校企之间的合作,本质上就是实现教育与经济的结合。校企合作是与我国经济科技发展的需求相符合的,是教育与实践结合的具体形式与手段。

(二)校企合作是职业教育人才培养模式创新的需要

《教育规划纲要》中强调要对人才培养观念进行革新,指出要不断深化教育体制改革,关键是更新教育观念,树立全面发展的理念,为社

① 邢晖.多角度解析“工学结合”“半工半读”[J].中国教育报,2006(11).

会培养出高素质的人才。

长期以来,我国的职业教育存在教学与实践脱节的情况,一些学生只学到了一些书本理论知识,但是忽视了实践,导致他们缺乏实际操作能力,缺乏团队协作能力。当前,很多学生就业困难,因此,作为培养技能人才的职业院校,应该重视理论与实践的结合,而校企合作的形式,恰好解决了这一问题。

(三)校企合作是职业院校、企业达到"双赢"目的的必然选择

从企业角度来看,随着我国社会的进步、经济发展和科技创新,以及管理理念的不断提升,大批新技术、新工艺在企业中得到应用,对企业的生产管理、技术管理、信息管理、财务管理、安全管理等要求也不断提高。同时,企业为建设高素质的员工队伍,实现对内增强凝聚力、向心力,对外增强竞争力的要求,企业文化建设也提到了议事日程上来,因而,企业面临着引进人才和员工培训双重任务。传统的"以师带徒"和直接从学校招聘毕业生模式都难以满足企业对高技能人才的需求,通过校企合作模式,可以使企业先期介入职业院校,参与专业培养目标和人才规格的确定,参与教学计划、课程设置的制定,参与人才培养的实施过程,这样就可以保证培养出来的人能适应社会各个行业不同岗位的需要。通过校企合作模式,企业可以为职业院校提供实习场地,组织学生开展"顶岗实习",采取联合培养、订单培养、集中培训或委托培训等方式,企业就可以按照自己的需要获得相应的技术和管理人才。通过校企合作模式,企业还可以依托职业院校资源,在开展员工培训、项目开发等方面获得收益。从职业院校角度来看,为适应教育大众化阶段对人才培养质量的要求,可以借助校企合作,提升职业院校人才培养、科学研究和社会服务水平。

通过校企合作给教师提供企业实践机会,可以提高教师的理论与实践的结合能力,了解企业发展的动向,促进科研成果的转化;通过校企合作建立校外实习基地,可以促进学生掌握实践技能,培养适应行业、企业所需人才;通过校企合作建立就业基地,促进学生就业,满足经济社会发展需要;通过校企合作联合开展科学研究和项目开发,有利于了解企业现实与发展的动态,有针对性地开展学科建设和科学研究工作。

第二节　校企合作的原则与条件

一、校企合作的原则

（一）互利原则

互利是校企合作的基础。首先，搭建的校企合作技术平台，有利于加快科技成果转化为生产力，既能满足企业需求，又利于学校的科学研究。其次，学校在合作中可提高教育管理水平，学生可提升实际操作能力和就业能力，企业在合作中可提升企业文化和择优吸收技能人才。

（二）互动原则

互动是促进校企建立更紧密合作的前提。首先，通常企业为技术需求方，学校为技术供给方，校企科研合作是科技经济结合的基本形式，对促进科技成果转化，提高企业技术创新能力，促进产业技术升级，培育新的经济增长点有着积极的作用。其次，学校与企业可利用各自优势资源互补不足，建立理论与实践一体化的培训基地，在培训与就业工作上建立互动平台。

（三）共赢原则

企业可以利用学校的场地投资设备在校内建设生产基地，学校可以借助企业生产投入和技术指导，减少教育成本；学生可以提前接触生产过程，更早、更好地由学生向职业人的角色转变，实现校、企、生三方共赢。

二、校企合作的条件

第一，校企合作中企业应具备的条件如下。
①企业是朝阳产业。
②企业热心教育事业。

③有投资的实力。

④动机纯洁。

⑤有吸纳、引进人才的能力。

⑥专人负责合作事项。

第二,校企合作中院校应具备的条件如下。

①满足企业所需的专业设置。

②具有进行科研、培训的能力。

③具有建立实训基地的场地和办公条件。

④完善的教学设施、教学环境、教学手段。

⑤专人负责合作事项。

⑥独立签订合同的法人资格。

第三节　校企合作的基本建设

制度建设是校企合作体制机制项目建设的重点,项目组按照建设任务要求,以校企合作理事会为平台,校企合作构建“人才”共育、师资“共享”、实训基地“共建”、校园文化“共铸”的制度系统,完善合作多赢的动力机制、良性互动的运行机制和绩效并重的评价机制,积极创建校企合作“互惠多赢”的小环境,引领经济欠发达地区职业院校的改革与发展方向。

学校与企业的合作实际上是企业在选择学校而不是学校选择企业,因为企业追求经济效益的最大化,当前企业没有法定义务来办学校,有的企业并不认为与学校合作能给企业带来经济效益。在校企合作范例中,也有一部分比较有战略眼光的企业愿意与一些学校合作,但这些企业对于学校的选择却是比较挑剔的。这些企业从自身利益出发,如果一个学校能给企业的生产及管理带来比较直接的效益,那么这些企业是愿意与学校合作的,而他们选择的学校往往都是综合办学实力比较强的那一部分。由此可见,影响企业参与热情的直接原因,是学校的办学条件是否对企业具有吸引力。

一、校企合作组织机构建设

校企合作设置相关机构,双方人员可以根据职能情况进行任职,经过调查,机构设置方式有一级机构和二级机构。从层次看,有决策机构、执行机构、操作机构和监督机构。

(一)按机构设置方式划分的组织机构

1. 一级独立机构

一级独立机构有以下几种:校企合作与产学研促进办公室;产学研促进处;合作教育办公室;产学合作部,有的叫项目合作处;招生就业中心(工学结合办公室)或招生就业与校企合作中心;校企合作与对外交流处。绝大多数名称为校企合作办公室或校企合作中心。

2. 二级机构

二级机构:有的在科研处设合作科,有的在招就办设校企合作办公室,有的在教务处设校企合作办公室,有的在发展规划处设校企合作办公室,有的在市场部设产学合作中心。

(二)按层次划分的机构类别

1. 决策机构

决策机构一般是由最高管理者进行优化以后的组织,在双方合作过程中起着重要的决策作用,一般有以下几种组织决策形式:成立董事会,由董事长、副董事长、各位董事组成;校务委员会,由主席、主席团和各个委员组成;理事会,由理事长、副理事长和各位理事组成;校企合作委员会,由委员会主任和各位委员组成。

2. 执行机构

执行机构是在决策机构的领导下开展决策机构通过正式会议后的各项决议,一般有以下组织形式:成立校企合作办公室,由主任进行领导,双方各个执行人员担任一定的职务;成立校企合作执行委员会,也是由主任来执行各项决策层的决议；校企合作中心，由中心主任领导各个成员进行日常工作。

3. 操作机构

校企合作决议达成且在一些项目进行启动以后，主要靠各自的操作机构进行操作，所以操作机构会各自进行设置，由各自专门的人员进行组织成立以下机构：专业指导委员会，由主任和委员组成；企业评教评学委员会，由主任和委员组成；专业建设委员会，由主任和委员组成；合作学院，由院长、副院长和名誉院长组成。

4. 监督机构

校企合作成立监督机构一般是为了更好地促进双方合作顺利开展，监督机构一般是由政府监督管理部门和第三方企业或者政府认可的第三方评估公司或者担保公司担任。对双方合作开展的项目进行专业评估和权威发布，成立校企合作监督委员会，由委员长、机构委员，还有双方最高层领导人担任组成。

二、校企合作中实训基地建设

（一）实训基地科学建设遵循的基本规律

职业教育实训基地建设承担着社会需求、企业需求、教育需求和政府的愿望等诉求。因此，实训基地建设除了遵循自身的建设发展规律之外，还必须遵循教育规律、经济和人口发展的规律以及自身规律等不同规律。

1. 实训基地建设要遵循教育规律

实训基地是培养人才的场所，因此，实训基地的建设和使用必须遵循教育规律和职业教育的规律。所谓教育规律，是指教育现象同其他社会现象或教育现象内部各构成要素之间的固有矛盾，或彼此之间的内在联系。从总的规律层面看，教育规律包括了教育与生产力之间的相互关系、教育与社会经济制度之间的相互关系、教育与人口控制之间的相互关系、教育与社会文化之间的相互关系、教育与部门不同构成要素之间的关系等。

（1）实训基地建设应该遵循基本教育规律

所谓基本教育规律，是相对于职业教育规律而言的。[①]我们讲的基本教育规律，指的是教育现象内部固有的关系，而实训基地建设必须遵循这些基本教育规律。

第一，实训基地遵循育人规律。教育是指按照一定的要求，有目的、有计划、有组织地向受教育者传授知识和技能、培养思想品德、发展智力和体力的活动。实训基地是为职业教育服务的，是职业教育开展其教育的主要场所，因此实训基地必须遵循育人规律，按照社会人才的需求而培养技能人才。

第二，实训基地遵循人的成长规律。实训基地多是为职业院校在校生培训服务的，职业院校在校生正处在成长阶段，这些学生有着年轻人的一切成长特征，因此，实训基地的建设和使用必须遵循人的成长规律，对受教育者加以引导，使之不断发展。

第三，实训基地还必须遵循教育的升学规律。我们国家的人才使用有一个独特性，那就是"文凭论"，不少企业聘用员工时仍先看文凭。实训基地的教育还必须为学生获得某些文凭服务，这是一种社会对职业教育的制约。

（2）实训基地建设应该遵循职业教育规律

所谓职业教育规律，是指职业教育现象内部各构成要素之间及与一定时期社会经济发展之间的内在联系。[②]遵循职业教育规律，就是遵循职业教育结构、功能和发展等规律。

第一，实训基地遵循职业教育的结构规律。所谓结构规律，是指揭示实训基地教育要素之间的关系及其组合形式、结构形式的关系。实训基地建设是政府主导、企业以及经济发展需求、职业院校使用的构成形式，这三种构成形式结合就是为了完成职业培养的任务。实训基地的结构规律是较为独特的规律，是实训基地建设中必须遵循的重要规律。

第二，实训基地遵循职业教育的功能规律。"以就业为导向、以服务为宗旨"是职业教育培养人才的方针，也是其功能规律。实训基地培养有技能的职业人，必须以职业需求和保证就业为导向，必须以服务经济发展为要求，"就业服务"是实训基地育人的主要功能。

---

① 朱其训．实训基地科学建设论[M]．徐州：中国矿业大学出版社，2011.

② 朱其训．实训基地科学建设论[M]．徐州：中国矿业大学出版社，2011.

第三，实训基地遵循职业教育的发展规律。职业教育实训基地的发展规律指描述实训基地从一种状态向另一种状态转变的规律，职业教育实训基地发展规律的核心问题是从纯教育的形式向工学结合、校企合作的方式发展。实训基地不仅仅只是为了培养学生的技能，而且是为了在培养学生技能中实现工学结合和校企合作，让学生学到以后工作中的真本领，并从实训中获得一定的经济收入。

2. 实训基地建设要遵循自身的规律

实训基地的建设使用和发展有其自身的规律，这些规律是实训基地得以发展的保障。实训基地的主建单位、主管单位必须熟悉这些规律，运用好这些规律，按规律办事，以保证实训基地科学发展。

(1)实训基地的学用统一规律

职业教育的工学结合、校企合作、顶岗实习等方式都是为了学用统一，为了让学生熟练地掌握一门技术。“学用统一”是实训基地培养人才的根本规律。

第一，工学结合的规律。工学结合也是近几年从实践中总结出来的一条可以遵循的并促进人才科学培养的规律及原则。工，就是工作；学，就是学习。工学结合就是在工作中学，在学习中操作，使工作学习结合在一起。这样做的好处，是使学生在学习中掌握了工作需要的技能，在工作中又学到了技能和操作技巧，并把技能理论用到实践中，同时还有部分收入，解决了实践学习中的经济需求。

第二，用学一致的规律。用学一致源自“学用”结合。在实训基地学习，是把所学的知识和技能用到实际操作中，当然这种“用”也是一种学，但主要内容是用，是用所学的理论知识和传授的技能，操作完成一个项目或一个课题，“用学一致”也是职业院校实训基地培养人才的基本途径。

第三，校企一体的规律。在一般院校中只提校企合作，“校企一体”作为校企合作的目标是2009年才提出来的。校企一体可以从三个层面来理解，首先，是学校办工厂，前校后企，实现一体；其次，是企业办校、校企一体；最后，是实训基地企业化管理，使学校与实训基地融为一体。校企一体是一种方向和理想，真正全部实现校企一体仍需要相当长的时间，需要实践的检验。

（2）实训基地的技能培训规律

进行技能培训是实训基地的“天职”。技能培训受企业要求和就训者喜好的制约，因此，遵循企业需求和引导就训者实训成为实训基地的重要任务。

第一，技能培训规律。实训基地的培训是培养受训者技能的，技能第一，以技能为中心应是实训基地教育的特色。无论是社会人员培训还是在校生的培训都应以培训技能为核心。国家大力推行学历证书及职业资格证书“双证书”制度，实行“先培训、后就业”“先培训、后上岗”的规定，这都是按技能培训规律提出的要求。

第二，奇招绝技的发掘和延续规律。所谓奇招绝技，是指少数人掌握的不易被大多数人学习掌握的特别技能。这些奇招绝技有祖传或师承下来的，实训基地应该遵循技能发掘发展的原则，注意奇招绝技的传承和训练，总结出奇招绝技的延续规律。

第三，科学进行技能鉴定的规律。所谓技能鉴定，是指对受训者或社会掌握技能的人员进行技术能力考核的确定工作。技能鉴定是对受鉴定者一种技能的确认，对他们的再进步和就业有较大的帮助。技能鉴定具有考核性，对受技能鉴定者可以考核和确认；技能鉴定具有引导性，即可以对某项或多项技能进行推广或扩大影响；技能鉴定具有鼓励性，即对受鉴定者的某项技能予以认可并加以确认，从而鼓励受训者和其他人继续努力；技能鉴定具有规范性，即可以对技能培训方向和每个人的技能水平加以规范。

（3）实训基地的市场性规律

所谓市场性，是指实训基地应依据市场经济条件下经济发展的规律而设计和建设，并用市场化管理方式对实训基地加以规范和管理。市场是实训基地发展的导向，这个市场除了经济的大市场之外，还有受训者市场、企业市场、就业市场等。

第一，就业市场规律。就业市场规律指就业过程中企业和受训者之间的内在联系。这种规律反映了企业的就业技能导向，受训人员的技能水平和悟性、实训基地的培养能力等关系。就业市场规律是实训基地内在的首要规律。对于受训者来讲，到实训基地学习就是为了学本事，找工作。企业应该提前设立需求岗位，以使实训基地有的放矢地培养人才。

第二，改善民生的原则。所谓民生，是指百姓的生活、生存和生计。加强职业教育，搞好实训基地的技能培训，就是促进就业，就是民生，实训基地表面上是培养技能，实质是在解决就业者第一大民生问题。

第三，风险规律。所谓风险，是指实训基地的建设和使用时存在着“无米下锅”的危险，这种危险在公共实训基地表现得更为明显。假如没有人去基地实训，也就没有人去搞鉴定培训，那么，实训基地就不会有效益。因此，实训基地存在着不可用风险、不好用风险、不可维持的风险，这是实训基地科学发展中应该注意的。

（二）实训基地的科学建设

所谓科学建设，是指对正在建设的实训基地要科学筹划，具有战略的眼光，跟上企业发展的需求和职业教育发展的实际情况来设置实训基地的专业（工种）方向。对于已经建好并已使用的实训基地要加强内涵建设，要科学管理，及时调整专业（工种）以及实训内容和方法，使之跟上经济发展方式转变和产业结构调整的要求，提升培训的质量和实用度。

1. 科学筹划，合理使用

科学筹划包括了建设和使用中的科学筹谋和规划。由于公共实训基地存在“开工”不足的事实，我们必须尽快找出原因，及时调整管理结构或专业设置结构，使实训基地正常运转。由于学校所有的实训基地多数还是“消耗型”的使用模式，必须尽快搞好企业化的管理，使学校的实训基地发挥更大的作用。

（1）科学管理

所谓科学管理，是指用合理、实际、先进的方式管理实训基地。实训基地是根据区域经济发展的要求，并力求满足受训者学习技能、实现就业的愿望而建设和管理的。

第一，专业（工种）设立要科学。对于公共实训基地来讲，它既要满足企业、学校的人才培养需求，又要满足社会培训和鉴定的需要，因此，要不要建、建什么样的实训基地是科学建设的第一步。在完成建设的第一步之后，对于设立什么样的专业（工种），设哪些专业（工种），以及人们对专业（工种）的需求都要有科学的预测。专业（工种）培训之后要有科学的总结，总结之后还要进行科学的调整。实训基地的专业（工种）设置不是一成不变的，它要根据人们对专业（工种）的需求进行科学、及时的调整。公共实训基地要尽量按“综合”的方式建设和设置，以求尽量满足不同专业（工种）的需要。学校所有的实训基地，要根据自己所设的专业情况，设置自己实训所需求的专业（工种），并力求对社会开放。对于企业设置或校企合作设置的专业（工种），在满足该企业需求的同时，争取对其他学校和企业开放，追求专业（工种）设置效益的最大化。

第二，与区域经济结合要紧密。实训基地的建设和使用一定要紧密结合区域经济，紧密结合社会实情。紧密结合区域经济至少要做到三点。一是紧密结合区域经济的需求，满足区域经济对技能和技能人才的需求。二是紧密结合区域经济的调整。区域经济发展方式和产业结构调整急需新型技能人才，实训基地的培训要尽快满足这种调整之后的需求。三是紧密结合区域经济的未来走向。由于职业教育与企业发展有时并不同步，职业教育有一定的滞后性，因此，实训基地的领导者要具有前瞻性的眼光，跟上区域经济未来的发展走向，及时做好培养新型人才的准备和有目的地为未来培养人才。

第三，实训基地的管理要实现产业化。产业化管理公共实训基地是实训基地科学发展的必由之路。政府出资金建设实训基地，可以作为股份投入，实行股份制的企业管理方式，推动公共实训基地的科学运转。公共实训基地不能成为设备闲置基地，也不能成为新的国有资产“大锅饭”。实训基地产业化管理要确立服务与营利统一的原则，实训基地既要服务受训者，服务企业，又要核算成本，实训基地产业化要坚持把实训基地建成企业的原则，这点对公共实训基地尤为重要。把实训基地建成一个企业，就必然会按企业方式去经营，而不会按照事业单位去管理，实训基地产业化要坚持经营的原则，所谓经营，就是要按照企业的模式去“运转”实训基地，经营实训基地是学校所有实训基地的建设方向。

（2）科学使用

建设理想的、设备较为先进的实训基地只是完成了实训基地建设的第一步，关键在于如何使用实训基地，发挥实训基地应有的功能作用，使实训基地成为培训技能人才的基地。

第一，科学安排实训时间。作为公共实训基地，既要按企业管理的方式安排受训者实训，又要给学校及社会受训者一定的实训时间，以保证受训者学到一门技能。科学安排时间，既让实训基地有创收的时间，又让实训基地有公益训练的时间。作为学校的实训基地，不仅要保证教学任务的完成，还要保证学生有时间训练，并要考虑如何使实训基地成为企业的生产基地。

第二，科学安排实训内容。实训内容是根据课程计划安排的，有些课程是用课题或项目形式完成的，要根据实训基地的实际情况，安排好实训的具体内容。实训内容要按教学任务去完成，实训的教学内容是一个系统，有时间长、周期长、反复练习的特点，实训内容要按实训目的进行安排。实训目的有方向性目的和具体的实训目的，实训内容要为完成实训目的而设计，实训内容还要突出实训的重点与难点。实训内容主要包括实训准备，诸如机器设备的准备、实训材料的准备等；实训人员的对号以及对实训人员的实训要求，诸如教学要求安全要求等；实训老师的示范，实训指导老师要按规程、按计划、按要求进行示范；个别受训者的实际操作，老师指导和纠正；所有受训者的实际操作；老师的实训总结。具体技能训练是十分细致的，以车工技能训练为例，必须按照车工训练的程序逐步推进，要了解车削的基本知识，进行车削实践，包括诸如车外圆柱面、车内圆柱面、车内外圆锥面、表面修饰和车成型面、螺纹加工、车偏心工种、车削复杂工种、车床的调整及故障排除等。要做到前后有序，先易后难，环环相扣，逐步推进。

第三，科学安排运作模式。以程序化运作模式（也叫单元训练法）为例，实训教学可以分为八个阶段。

第一阶段：导向教学。导向教学包括了实训准备、导向教育、布置任务和开始教学四项内容。实训准备要有明确的责任教师，教师必须依据教学大纲制定教学实训计划，按单元内容准备训练作业，落实好助理实训教师，落实好实训场地、设备、器材、各种工具、消耗材料、需用图纸、安全防护、卫生等准备工作；作为学生在老师的指导下做好心理准备，保持良好的身体状态，要预习相关实训专业（工种）的知识。导向教育要在实训课程开始前进行动员，讲清实训课的目标和要求，动员时要注意提出要求；做到有序实训、安全实训，规范教和学。布置任务指分组布置任务，要指定组长，小组一般不宜超过 7 人；每一个受训者都必须从指导教师那儿拿到一份实训计划和训练任务书（作业），训练任务书包括了当天单元训练任务，训练的具体内容、方法和步骤（工艺流程），所需的设备、材料、工具和图样，训练进度和时间安排，操作规范和要求以及评分标准等。开始教学指组织学生按时进入实训场地，清点人数，领用和清点设备、工具，导入新的训练课等。

第二阶段：讲解要领。讲解要领指指导教师要把当天或本单位（课题）实训的内容、步骤（工艺流程）向学生们讲解，对单元中的重点、难点环节和技术、技能方面的细节问题以及理论依据，必须讲明、讲清、讲透。要讲清哪些必须这样做，哪些必须那样做，为什么必须这样做，为什么必须那样做，必须注意哪些问题等。在讲解中，要讲明设备、仪器、工具、图样的基本知识和选择，讲明这些工具等的使用方法；在讲解中还应讲明训练的基本要求和标准规范，训练进度和消耗材料的限额；在讲解中还要讲明安全文明操作及操作规程，讲明可能发生的故障和防止的方法；在讲解中还要讲明认真的必要性和刻苦训练的作风及方法；在讲解中还要讲明自己理论指导实践的亲身体验。在讲解中要采取现代的教育技术和运用现代教学手段，以追求实训教学的讲解效果。

第三阶段：示范演练。示范演练是实训教学的第一步，也是实训教学中极为重要的一步，它是以“直接知觉”为主的直观教学方法。指导老师通过实训教学的示范演练，让受训者身临其境，通过示范获得难得的感性知识，加深对该门实训课基本技能的理解。从实训教学实践来看，如果在实训教学中，指导老师只动嘴，不动手操作示范，受训者一般很难理解和掌握操作要领。示范演练是一种实实在在的感知技能的方法，通过直观的示范演练，受训者增长了观察问题、分析问题、理论联系实际的能力，开启了模仿的第一步。示范演练是教育学生“应知”“应会”的有机结合，从何入手，到如何深入，再到如何处理细节，真正引导受训者理论联系实际，知识融入技能，学会技能操作。指导老师作示范演练，技法必须讲清，手法必须准确无误、规范和熟练。在示范中必须对一些环节进行简明的讲解，即边演示，边讲解。讲解演示中，要讲清动作的特点和关键，对关键环节和容易出错之处应多次强调，反复演示，重点演练。

第四阶段：训练指导。训练和指导是实训过程中的重中之重，是受训者在看过老师演示之后，由理论到实践，由听、看到理解和做的阶段，是以实际训练培养受训者从“应知”进入“应会”的关键阶段，也是培养学生技能技巧的最主要的教学方法。训练指导要求每一个受训者根据布置的作业和任务，按照操作步骤和工艺流程，一步步地操作，反复地训练，在反复训练中实现强化。要求实训者在学中练、练中学，使技能、技巧与老师传授的理论和知识、演示的示范效果有机地融为一体。在训练指导这一过程中，要注意发挥学生的积极主动精神，要把学生推到主导地位，形成以学生训练为中心，以能力为本位的教学训练过程。指导老师必须紧跟实训中的受训者，保持现场的巡回指导和及时的检查，检查的内容包括受训者的操作姿势、操作方法、操作规程、操作安全和实训的成果质量，及时帮助学生解决实训中的实际问题。对受训者遇到共性难题或共性价值问题时，老师可以分析、归纳、总结，并让受训者参与以求找到解决办法，使有价值的问题得以升华。

第五阶段：考核评分。考核评分是指受训者在教师指导下，依照课程、项目、课题的训练步骤和规范，完成一天或一个单元的实训内容之后而进行的检查、评分。评分一般由受训者就自己的操作训练或“课题”情况作出简要的陈述，再由指导教师按照实训标准检查审定，实事求是地写出对该受训者一个单元或一天的受训情况和完成结果情况，写出简评并给出成绩，把简评和成绩记在受训者的实训手册上。待整个实训内容全部完成之后，受训者是否达标，要由指导老师以及助理指导老师进行综合成绩评定或者按实训要求进行考试评定。综合成绩的评定一般以实训小组为单位进行，程序是受训者先就自己整体实训过程的情况作简要陈述，讲出难点和技能掌握的重点，由小组成员予以评分，评出每人的综合成绩，再由指导老师和助理指导老师就学生的实训态度、成果和对重点难点的理解，对实训情况给出综合实训成绩以及评语。考试成绩评定，可以采取工件制作、口试、笔试相结合的方法。记分一般按百分制计算：90 ~ 100 分为优秀，80 ~ 89 分为良好，70 ~ 79 分为中等，60 ~ 69 分为及格，60 分以下为不合格(不及格)。

第六阶段：清理现场。清理现场指对训练的场地、设备仪器以及工具等在每天训练结束时进行整理、归位，摆放整齐，并打扫好卫生；对于实训者个人，做到衣帽整齐、关水、断电、关窗、锁门。清理现场环节中最为重要的是在实训工作结束后，对借来的工具、仪器要按时归还，对损坏的工具仪器要说明登记并做相关处理。指导老师要对水、电、门、窗等做最后的检查，防止有遗漏。

第七阶段：分析小结。一天实训结束要有分析和小结，一个单元完成后也要有分析和小结，一个课题完成后也必须有分析和小结。分析是一种回顾，查找成功和失败的不同原因，找出带有规律性的东西，对有价值的技能体验、操作中的不同体悟进行分析和研究，这样能够为以后的实训提供借鉴。分析小结由受训者个人先进行，写出自己的收获以及体会，在小组会上发表自己的体会和看法，指导老师再作归纳总结，分析整个实训过程中的教、学、成果质量、问题、体会等。

第八阶段：结束训练。所谓结束训练，是指实训基地和相关实训单位对受训者从课题训练安排到结束之后的小结进行全面总结，对“项目”或“课题”教学的成绩和不足加以归纳，对受训者在受训过程中的反映和经验进行概括，对指导教师的工作进行评估，让实训有始有终，找出实训的不足，使实训教学与企业结合更为紧密，为以后实训基地人才培养找出更为科学的道路。

第四，科学安排“大师工作室”。大师工作室是近几年让有特别专长的技能人才有一个工作和科研的环境而设置的，一般都安排在实训基地。作为公共实训基地，要尽量吸收技能名流来基地工作，以培养更多的绝活人才；作为学校实训基地，更要吸引有技能专长的人才到学校建立工作室，一方面让专长人才继续搞好绝活的技能研究，一方面可以带动部分学生学专长，还有一方面可以激励同学的创业精神。

第五，科学安排各类技能大赛。近几年，技能大赛已成为技能人才展示技能的亮丽平台。从国家层面看，有教育部主办的技能大赛以及人力资源和社会保障部主办的技能大赛；从基层层面看，有学校和地级市主办的技能大赛；从行业层面看，有行业举办的技能大赛等。应该说，这些技能大赛对于促进受训者学习技能起到了一定的推动作用，但对于推动企业技术进步的作用有多大，仍需要分析。由于教学、培训是有规律可循的教学环节，因此科学安排好技能大赛已成为实训基地的重要任务。安排各类技能大赛要注意设备等物质的可行性。所谓物质可行，是指实训基地的设备、大赛所需的物品，整个教学安排都要为大赛做好准备。安排各类技能大赛要注意人员的可行性，机械调试师、物资保障人员要到位，参赛的受训者要有参赛的意愿和技能准备。对于职业院校来讲，大赛的推动作用是明显的，投入也是很大的，因此，参加技能大赛人、财、物的安排都应体现科学的原则。

（3）校企结合

实训基地建设和使用必须注意校企结合。校企结合的核心在于实训基地用企业化管理的方式把实训基地办成产业化的基地，鼓励职业院校进行前校后厂的试验，强化实训基地的企业化管理。对于公共实训基地的建设，一定要注意使政府、行业、学校三方共同确定实训基地的建设方案，为共享共赢实现科学管理和科学建设打下基础。

第一，资源共享，成本分摊。资源共享指在设备、师资、技术等方面的共享，采用开放的实训方式，既对协作各方“开放”，也对其他职业院校、企业和社会个人“开放”。当然这种“开放”需要一定的成本，可以对共享单位和个人收取适当费用，收费标准以实训基地使用成本计算。为了在共享中合理收费，必须严格各方面的管理，诸如严格教学管理、严格设备管理、严格工具管理、严格材料管理、严格受训者管理、严格财务管理等，一句话，用企业化管理的方式管理实训基地，使协作各方和协作者之外的各方也能获益。企业化管理方式的核心在于“经营”实训基地，实现成本核算、成本分摊、利益共享。

第二，企业主导。企业主导即以企业为主组织生产和实训的一种模式。企业主导有企业自办实训基地的形式，对合作院校的师生进行“职业”培训，也有学校提供场地和管理，企业或行业提供设备、师资和技术，以企业为主组织生产和学生实训的方式，还有企业通过公共实训基地对受训者进行培训的方式。企业主导的实训主要由企业亲自培训、订单式培训和企业设备投入的培训构成。从实训基地建设和管理的几种形式分析看，企业主导的实训方式应是最为理想的方式，因此，企业主导原则是最为科学的原则。

第三，前校后厂。前校后厂是近几年实训基地建设中新总结出来的建设模式。前校后厂一般要以区域经济产业链为框架，使“后厂”成为产业链中的一节链条，既直接参与区域经济建设，又为区域经济的发展培养技能人才。学校自建工厂，有利于学生直接参与生产性实训，有利于学校工厂的创收，有利于企业与学校的真实合作，有利于实训基地的科学建设。前校后厂还有利于设备生产化、环境真实化、管理企业化、教师技师化、学生员工化。

2. 科学训练，规范课程

职业教育不同于升学教育，职业教育的课堂正从传统的课堂中走出来，设在了工厂车间、服务场所和田间地头，尤其是设在了实训车间。实训车间已成为职业教育的主要“课堂”，必须注意科学训练、科学地规范课程。

（1）职业院校学生思维方式的科学认定

心理学认为人的思维方式主要有两种，一种是以形象思维为主的思维方式，一种是以逻辑思维为主的思维方式。所谓形象思维，是指从普通教育系列分离出来，对逻辑思维较为迟钝，而对形象思维较为敏感的受教育个体的思维方式。这个思维方式是通过实践由感性阶段再到理性阶段，最终又返回实践的思维过程，符合职业教育学生对数、理、化以及外语等书面知识迟钝，但对动手知识喜好的特点。形象思维原意称艺术思维，是人们在艺术欣赏和艺术创作过程中所进行的主要的思维活动和思维方式，我们采用形象思维新的含义，为的是便于对职业教育学生思维特征的理解。在实际生活中，形象思维和逻辑思维不是对立的而是相互交叉和相辅相成的。职业院校的学生是以形象思维为主的学生，升入大学的学生是以逻辑思维为主的学生。实训基地建设和管理一定要注意学生的思维方式，注意学生特点，因材施教，从而达到培养技能人才的效果。

第一，鼓励和尊重受训者。实训基地培养的技能人才，多是因“应试”而“失败”的学生，在“应试”的压力下，出现了一些心理偏向，诸如自卑心理、破坏性心理、玩世不恭心理等。要针对这些特征做好疏导工作，要给学生以鼓励、肯定、表扬、尊重、理解、激励等，在实际教育中通过技能培训，使受训者掌握一门甚至几门技能，从而形成自信、自立、自强、自爱的健康心理，成为受社会欢迎的有用人才。

第二，提倡一专多能。职业教育是一种就业教育，就业必须有一门拿手的技能，在掌握了一门拿手技能之后，还必须注意多项能力的培养，诸如会驾驶、会计算机、会专业（工种）方面的英语、会生活水电常识及维修、懂法律、懂管理等。一专，是必备的，是实训基地教育必须达到的；多能，是应该具有的，便于受训者在以后的工作生活中得心应手，活得更精彩。

第三，提倡创新创造。创新说到底也是创造。我们已分析过，职业教育多是以形象思维为主的学生，这些学生善动手，实训基地要利用学生善动手的特点，鼓励他们创造。另外，在安排教学中，要注意安排创新的课程，创造学生创新的条件，使学生成为创新型技能人才。

（2）科学规范实训课程

实训基地的课程规范不完全等同于职业院校的课程要求，也不完全等同于社会培训的要求。实训基地的课程规范必须遵循自身的规律和自身课程设置的原则，诸如理论够用的原则、设置综合课程的原则、理论与实践相融合的原则、重在技能的原则等。

第一，理论够用的原则。所谓理论够用，是指在实训学习中，只对与实训相关的理论进行学习和掌握，其他基础理论以及某些专业理论已经在以往的学习中学习过，不再安排学习。理论够用指在实训过程中和掌握技能之后的工作中,所学的理论能够用得上,对掌握技能有帮助。不再重复设置一些对专业(工种)技能掌握没有任何帮助的基础文化理论,只设置对掌握技能有帮助的文化基础理论和相关的专业基础理论。理论够用是职业院校在多年教育实践中总结出来的经验原则,理论够用没有明文规定,是约定俗成的。

第二,设置综合课程的原则。综合课程实际上是技能培训课程,这种培训课程设置又应该以过关为原则。综合课程的设置要考虑到职业鉴定的考核要求,对受训者有针对性的训练,灵活地掌握受训者情况,保证受训者顺利通过等级考核。在等级考核结束之后,还必须带领受训者转入企业需求的学习,这种学习必须与企业沟通,实行岗位技能培训,让受训者在老师和师傅的带领和指导下,把所学的技能、知识与企业岗位需求结合起来,以达到用人部门对技能人才使用的要求。综合课程的后半部分设置是必需的,这在以往课程安排中不全面,有的培训部门(包括职业院校)认为技能鉴定合格拿到等级证书就是实训基地课程的结束,使受训者远没有达到用人单位的用人要求。

第三,理论与实践相融合的原则。所谓融合,是指理论与实践合成一体。理论与实践的融合是实训教学的最根本方法。理论与实践的融合除了理论与专业技能融合之外,还包括了理论与学习能力、工作能力、交往能力的融合。一是理论与专业技能的融合,这是实训教育的主要融合方面。受训者把所学的专业基础理论、技术操作理论运用到专业技能实训的实际操作中,按照理论规范的步骤、理论标明的操作要求、理论标明的技能操作效果以及理论标明的操作注意事项,按步骤进行实际操作。操作进入实施过程与理论描述和要求还是有区别的,这就要求受训者使理论与技能操作融合起来完成自己的操作课题。二是理论与受训者学习能力的融合。学习能力说到底是受训者选择学习方法的能力,受训者选择学习方法的能力来自理论的指导和对现实的总结,要使受训者对所学的专业信息进行收集,并让受训者对各种技能信息进行评价,再让受训者用理论与实践相结合的方法规划学习技能的计划和目的。三是理论与受训者工作能力相融合。这里的“工作”指在培训过程中做好和做完某项课程的过程以及获得预计的成果。要培养受训者独立完成“工作”的能力,培养受训者独立完成一项“工作”的组织能力,培养受训者在“工作”过程中学习和掌握新技术的能力。

第四节　校企合作的程序、模式与层次

一、校企合作的程序

（一）洽谈

在校企合作谈判过程中，学校和企业要在以下方面达成一致，或者对以下内容具有相同看法和共同目标。

①确定合作模式。根据双方各自情况确定合作办学的模式，这个是关键，因为模式决定着人才培养方向和培养目标。

②目的与动机。校企合作在于促进职业院校和企业互利合作、互利双赢，实现资源共享、促进教学相长、提高学生综合素质和岗位技能，解决学校教育经费投入不足的问题，达到学校、企业、学生三方满意的效果。

③办学层次和机构设置。根据企业需要和学校自身情况，达成同时满足双方的层次合作，更好地解决学生的就业问题，不可盲目地一味追求高端或者超出自身的人才培养能力，达成有损本校形象的合作意向。同时，根据双方人员构成，可以设置一定的合作组织机构来更好地完成合作计划。

④专业及培训、期限。双方根据供需关系，确定合适的专业进行合作，建立“校中厂”或者“厂中校”，同时洽谈有关师资的配备和师资的建设，确定生源选拔和监督机制，在生源方面不妨双方共同进行选拔，就是学校选拔一批，企业选拔一批，进行双边不同程度的培训和教学，以利达到更好的效果。

⑤效益以及产权管理。效益问题也许是双方合作的核心问题，企业是以利益为核心，在谈到这个问题时，学校既要考虑自身的效益问题，也要考虑企业的投入和产出问题，确定双方的财务关系以及财务核算标准，对收益以及产权都要明确地划分和说明，不能含糊其词，给双方合作造成障碍。

⑥安全与防范。不管双方以何种方式合作，都会产生双方人员交错异地学习，在交通、实训、顶岗等方面都要进行安全教育以及安全防范，要有应急预案管理，在防火、防盗、防污染等安全点上都要有共同的有效应对措施。

（二）协议

只要双方对合作方向、目的、权利和义务达成一致，就可以达成一定的协议。不过，协议在生效和出具前需要做好以下工作。

①起草协议。这个环节一般是双方议定某一方进行协议的起草或者拟草，起草好的协议经过校企合作办公室审查。

②资产评估。评估问题是协议里面不可缺少的部分，因为合作双方毕竟有或多或少的资产或者资本的投入，这个就涉及评估的问题，如企业捐赠的设备、仪器或者软件等要经过评估公司的评估，确定其价值，学校出具的场地或者实训基地都要进行产权的确定以及资产的评估，对提供的水、电、网、电话等资源配置进行考核，是否满足双方需求，对投入过大，或者涉及资金额度比较大的项目，必要时要请审计部门进行审计。

③协议签订与公正。协议要在合作办公室主持下举行签字仪式，双方负责人签字盖章生效，必要时请专业律师进行现场公正或者对协议内容进行法律鉴定和公正，以保护双方的合法权益，也使双方合作在阳光下进行。协议有必要对上级部门进行备案。

（三）实施

签订协议后的第一步就是进行生源的计划落实和实训基地的建设，这个是双方合作的第一步，也是很重要的一步，对协议有效实施具有很重要的意义。

①生源问题。关于生源问题，对学校来说不是什么大事，一是纳入当年的招生计划，二是从现有学生中进行挑选，三是企业提供合适的人选进行培养。

②实训基地建设。实训基地建设关系到企业驻校实效问题，除了选择好施工队以外，还要对施工现场进行严格的控制，避免噪声影响学校的正常教学。对安装、整修、装修、重建的实训基地进行安全评估，确保不会造成不良的后果。

③安排正常的教学任务。落实教学计划，进行正常的教学活动，协

调驻厂工作人员的生活起居和证件、车位等的办理，并将学校的管理手册和制度造册转交给相关人员。

（四）评价

在校企合作实施以后，要进行绩效评价，提交总结。合作到期限后，按照协议规定，应当终止合作，如若还有继续合作的意向，可继续签订合作协议。

图 9-1 为企业合作的基本流程。

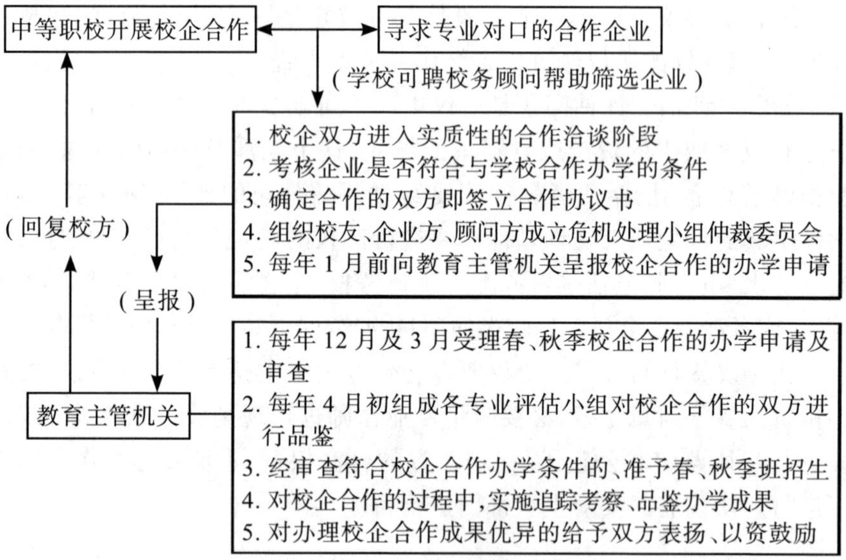

图 9-1　校企合作的基本流程

二、校企合作的模式

（一）基于不同目标导向的模式

王章豹教授根据校企合作目标导向的不同，将校企合作模式分为如下四种。[①]

① 王章豹，祝义才 . 产学合作：模式、走势、问题与对策 [J]. 科技进步与对策，2000（9）.

1. 人才培养型合作模式

这一模式是企业从市场需求与自身特点出发，同职业院校展开订单式的培养模式。

一方面，职业院校可以利用科研条件，为企业培养定向科技人才与管理人才，这在一定程度上可以解决企业人才匮乏的问题。

另一方面，企业可以运用先进的设备，为职业院校提供实习基地，这也成为职业院校培养人才的重要内容。

采用这一模式，职业院校主要是为了提升学生的创新与实践能力，企业则是为了衡量市场与生产开发高素质的创新人才。这一模式的特点在于以合作教育作为手段，通过定向模式为企业培养人才。

2. 研究开发型合作模式

这一模式是校企双方以科研为突破口，促进双方科技与经济的结合，提升企业的技术创新能力。一般的形式是职业院校向企业转让科技成果，或为企业提供管理、技术咨询；校企之间联合开发重要科研项目；校企共建联合实验室、工程研究中心等。

3. 生产经营型合作模式

这一模式是校企开发科技含量高、附加值大的产品，用以满足市场的需求，提升企业效益。在这一模式下，职业院校一般以技术入股，参与技术开发，个别职业院校也会注入一定的资金，以实现双方的互利共赢。

4. 主体综合型合作模式

这一模式是通过校企深层次的合作，实现培养创新型人才的目的。这一合作模式不是一对一的合作，而是一对多、多对多的合作，这一模式便于建立较大的产业园、科技园。

（二）基于不同主体作用的模式

李焱焱等根据校企合作的主体作用不同，将校企合作的模式分为以下三种。[①]

① 李焱焱等．产学研合作模式分类及其选择思路[J]．科技进步与对策，2004（10）．

1. 企业主导型校企合作模式

这一模式是企业为了自身的发展需要,自发与职业院校进行合作。企业占据主导地位,并承担着相应的科研风险,职业院校的技术创新活动围绕着企业的需要展开,其研发形式、研发内容往往是由企业决定的。

2. 院校主导型合作模式

职业院校凭借自身的技术、人才从事创新工作,成熟之后可以将技术转让,提供给企业尤其是中小企业,实现技术从成果到效益的转化。在这一模式下,职业院校占据主导地位,对研发内容、合作等起着决定作用。

3. 共同主导型合作模式

这一模式中,校企是平等的关系,并不存在谁主导谁的问题。二者以利益作为纽带,以契约作为依据,发挥各自的设备、技术、资金等的优势,共同开发、共担风险、利益共享。由于这一模式减少了技术向市场转化的步骤,因此这一模式是最直接的校企合作模式。

三、校企合作的层次

(一)学历层次

学历层次的校企合作办学,主要有以下几种形式。

一是合作办某个专业。就是订单式的专业班,针对系内开设的专业结合企业所需要的专业要求来设置,以专业学院的形式设立,或者以某专业学院的形式共办专业。

二是合作办数个专业。就是几个相近的专业资源共享,有效利用,有所侧重,以二级学院的形式设立。

三是合作办系或者学院。这主要是针对某些专业的需要,将资源可以共享的专业进行规模化承办,形成系或者特色专业学院。

四是合作举办综合性的学院或者大学。这个合作是深层次的,需要校企双方对专业、学院进行深度合作。

(二)培训层次

校企双方在进行专业合作的基础上,由职业学院利用自身的优势教育资源,为企业内部人员举办培训班、考证班和培训学院,以进一步扩大合作范围。其实,校企更深层次的合作,不应该只停留在专业和职业教育层面,而应该向本科教育转向,或者向研究生教育方向发展。

参考文献

[1] 鲍玮 . 高职教育实践教学体系的建设探索 [M]. 天津：天津科学技术出版社，2017.

[2] 陈德清，涂华锦，邱远 . 高职校企合作体制机制改革与实践 [M]. 北京：北京理工大学出版社，2016.

[3] 陈俊兰 . 职业教育现代学徒制研究 [M]. 长沙：湖南大学出版社，2014.

[4] 陈玉杰，李长虹 . 我国职业技能实训基地建设问题研究 [M]. 北京：中国言实出版社，2017.

[5] 陈增红，杨秀终 . 职业教育产教融合人才培养模式研究 [M]. 北京：中国社会科学出版社，2020.

[6] 丛晓峰，刘楠 . 高校教学改革与质量管理研究 [M]. 北京：中国海洋大学出版社，2008.

[7] 崔炳建 . 河南省第三届职教专家论坛集萃 怎样推进职业教育校企合作 [M]. 开封：河南大学出版社，2015.

[8] 崔岩 . 陕西职业教育校企合作典型案例汇编 [M]. 北京：北京理工大学出版社，2015.

[9] 董维佳，宋建军 . 高等职业教育教学质量管理概论 [M]. 南京：南京大学出版社，2007.

[10] 方德英等 . 校企合作创新：博弈、演化与对策 [M]. 北京：中国经济出版社，2007.

[11] 高彩霞 . 高职院校文化素质教育体系研究 [M]. 北京：中国环境科学出版社，2006.

[12] 关晶 . 职业教育现代学徒制的比较与借鉴 [M]. 长沙：湖南师范大学出版社，2016.

[13] 郭杰，朱志坚，陶红 . 产教深度融合背景下广东高职教育发展创新与实践 [M]. 长春：北方妇女儿童出版社，2017.

[14] 和震，李玉珠，魏明，等 . 职业教育产教融合制度创新 [M]. 北京：科学出版社，2018.

[15] 贺星岳等 . 现代高职的产教融合范式 [M]. 杭州：浙江大学出版社，2015.

[16] 胡赤弟 . 产教融合制度路径模式 2017 宁波高等教育研究论坛论文集 [M]. 杭州：浙江工商大学出版社，2018.

[17] 胡延华等 . 高职院校机制改革与创新研究 [M]. 武汉：湖北科学技术出版社，2006.

[18] 黄立 . 产教融合背景下高职院校"双师型"教师团队建设研究 [M]. 长春：吉林人民出版社，2020.

[19] 黄艳 . 产教融合的研究与实践 [M]. 北京：北京理工大学出版社，2019.

[20] 黄莺，贾雪涛 . 双师型教师的专业发展研究 [M]. 北京：中国书籍出版社，2019.

[21] 黄云鹏 . 创业教育 [M]. 北京：中国科学技术出版社，2002.

[22] 吉敏 . 中国南非产教融合式产业合作 [M]. 北京：社会科学文献出版社，2020.

[23] 贾文胜 . 职业教育校企合作机制及政策保障研究 [M]. 北京：中国商务出版社，2019.

[24] 金晶 . 高职院校素质教育教程 [M]. 北京：北京理工大学出版社，2012.

[25] 李继延 . 产教结合 高等职业教育路径、机制与政策研究 [M]. 北京：北京出版社，2009.

[26] 李梦卿等 . 双师型教师队伍建设比较研究 [M]. 武汉：华中科技大学出版社，2010.

[27] 李小妹 . 高校科研管理 [M]. 天津：天津科学技术出版社，2008.

[28] 李玉萍 ."双师型"视域下高职院校教师在职培养困境研究 [M]. 合肥：中国科学技术大学出版社,2018.

[29] 梁成艾 . 职业学校"双师型"教师专业化发展论 [M]. 成都：西南交通大学出版社,2014.

[30] 梁凌洁 . 高职院校校企合作办学创新研究 [M]. 成都：西南交通大学出版社,2013.

[31] 梁其健,姜英 . 高校科研管理概论 [M]. 武汉：华中师范大学出版社,1987.

[32] 林丽萍 . 高职院校文化建设创新论 [M]. 北京：中国商业出版社,2006.

[33] 林梅 . 校企合作与人才培养 [M]. 长春：吉林人民出版社,2019.

[34] 栾永斌,周瑜弘 . 高职院校大学生职业生涯规划 [M]. 大连：大连海事大学出版社,2008.

[35] 彭建设,彭纯宪 . 创业教育 [M]. 北京：高等教育出版社,2000.

[36] 彭行荣 . 创业教育 [M]. 北京：中国科学技术出版社,2003.

[37] 申纪云 . 高校科研管理创新研究 [M]. 长沙：湖南师范大学出版社,2008.

[38] 申晓伟 . 校企合作 共筑未来 高职院校校企合作育人理论与实践研究 [M]. 北京：中国广播影视出版社,2014.

[39] 史伟,杨群,陈志国 . 新时期职业教育校企合作办学模式探索 [M]. 天津：天津科学技术出版社,2018.

[40] 宋作忠,刘兴丽,洪亮 . 地方应用型本科院校校企合作机制研究 [M]. 徐州：中国矿业大学出版社,2017.

[41] 孙杰,张济荣 . 高校教学管理创新与探索 [M]. 开封：河南大学出版社,2003.

[42] 王洪龄 . 高职院校素质教育教程 [M]. 济南：山东科学技术出版社,2008.

[43] 王文槿,林仙福 . 职业院校校企合作实务 [M]. 北京：海洋出版社,2010.

[44] 吴炳岳等 . 职业院校"双师型"教师专业标准及培养模式研究 [M]. 北京：教育科学出版社,2014.

[45] 吴金秋 . 中国高校"融入式"创新创业教育 [M]. 哈尔滨：黑龙江人民出版社,2013.

[46] 吴茂昶，陈文．高职院校健康教育教程 [M]. 广州：广东科技出版社，2007.

[47] 吴卫斌，段永田．创业教育 [M]. 东营：石油大学出版社，2007.

[48] 肖秀阳．高职院校图书馆的改革与创新 [M]. 北京：华艺出版社，2006.

[49] 易东．高职院校科研激励机制构建研究 [M]. 北京 / 西安：世界图书出版公司，2012.

[50] 詹先明．高职院校创业教育与指导 [M]. 合肥：合肥工业大学出版社，2009.

[51] 詹先明．双师型教师发展论 [M]. 合肥：合肥工业大学出版社，2010.

[52] 张铁岩，吴兴伟．高职院校师资队伍建设研究 [M]. 沈阳：东北大学出版社，2004.

[53] 张蔚，石晓春．高职院校大学生心理辅导 [M]. 大连：大连海事大学出版社，2007.

[54] 张旭，白鸿辉．高等职业教育实训基地建设概论 [M]. 沈阳：白山出版社，2008.

[55] 张烨，王本锋，汪玉娇．高职院校毕业实习与就业指导实务 [M]. 武汉：华中科技大学出版社，2012.

[56] 郑山明．地方本科院校教师队伍建设研究 [M]. 北京：光明日报出版社，2018.

[57] 仲耀黎．高职院校教育教学管理 [M]. 中国科技大学出版社，2010.

[58] 周萍，缪宁陵，宋扬．高职院校内涵建设 教学质量保障研究 [M]. 苏州：苏州大学出版社，2015.

[59] 周兴国，李子华．高校教学管理机制研究 [M]. 合肥：安徽人民出版社，2008.

[60] 朱其训．实训基地科学建设论 [M]. 徐州：中国矿业大学出版社，2011.

[61] 邹松建．高职院校教师人力资源管理 [M]. 成都：电子科技大学出版社，2009.

[62] 占德胜．系统论视角下的高职院校专业设置 [J]. 职教论坛，2009（4）.

[63] 张镒民 . 高职创业教育的内在逻辑、体系构建和深化路径 [J]. 教育发展研究,2013（19）.

[64] 张英杰 . 共生视域下校企合作战略联盟机制研究 [J]. 教育与职业,2012（6）.